T0169791

# ESSAIS SUR L'ART
# ET LE GOÛT

## DU MÊME AUTEUR
## À LA MÊME LIBRAIRIE

*Dialogues sur la religion naturelle*, introduction, édition bilingue, traduction et notes M. Malherbe, « Bibliothèque des Textes Philosophiques – poche », 384 pages.

*Enquête sur l'entendement humain*, introduction, édition bilingue, traduction et notes M. Malherbe, « Bibliothèque des Textes Philosophiques – poche », 420 pages.

*Essais et traités sur plusieurs sujets*, introduction, traduction et notes M. Malherbe, « Bibliothèque des Textes Philosophiques » :

– Tome 1, *Essais moraux, politiques et littéraires*, Première partie (contient les *Essais sur l'art et le goût*), 320 pages.

– Tome 2, *Essais moraux, politiques et littéraires*, Deuxième partie, 280 pages.

– Tome 3, *Enquête sur l'entendement humain. Dissertation sur les passions*, 224 pages.

– Tome 4, *Enquête sur les principes de la morale. Histoire naturelle de la religion*, 256 pages.

*L'histoire naturelle de la religion et autres essais sur la religion*, introduction, traduction et notes M. Malherbe, « Bibliothèque des Textes Philosophiques – poche », 140 pages.

**BIBLIOTHÈQUE DES TEXTES PHILOSOPHIQUES**

Fondateur H. GOUHIER          Directeur J.-F. COURTINE

# DAVID HUME

# ESSAIS SUR L'ART ET LE GOÛT

Introduction, texte anglais, traduction et notes
par
**Michel MALHERBE**

PARIS
LIBRAIRIE PHILOSOPHIQUE J. VRIN
6, Place de la Sorbonne, V e

2010

En application du Code de la Propriété Intellectuelle et notamment de ses articles L. 122-4, L. 122-5 et L. 335-2, toute représentation ou reproduction intégrale ou partielle faite sans le consentement de l'auteur ou de ses ayants droit ou ayants cause est illicite. Une telle représentation ou reproduction constituerait un délit de contrefaçon, puni de deux ans d'emprisonnement et de 150 000 euros d'amende.

Ne sont autorisées que les copies ou reproductions strictement réservées à l'usage privé du copiste et non destinées à une utilisation collective, ainsi que les analyses et courtes citations, sous réserve que soient indiqués clairement le nom de l'auteur et la source.

© *Librairie Philosophique J. VRIN,* 2010
*Imprimé en France*

ISSN 0249-7972
ISBN 978-2-7116-2298-6

*www.vrin.fr*

# INTRODUCTION

## I. LES *ESSAYS MORAL, POLITICAL AND LITERARY*

À rigoureusement parler, Hume n'a pas écrit d'*essais esthétiques* mais, à côté d'essais politiques et moraux, des essais *littéraires*, au sens large que le mot a au XVIIIᵉ siècle [1].

Reprenons rapidement la chronologie. En 1741, paraît à Edimbourg, sans nom d'auteur, un recueil intitulé *Essays Moral and Political* que le jeune philosophe corrige et augmente d'un deuxième volume l'année suivante. En 1748, ces *Essays* font l'objet d'une nouvelle édition, où sont supprimés quatre essais de l'édition de 1742 [2] et ajoutés trois nouveaux essais [3]. Cette troisième édition corrigée et

1. Les *Lettres* comportent la grammaire, la poésie, l'éloquence, l'histoire, la critique, selon la définition de l'*Encyclopédie* de Diderot et d'Alembert. Hume n'emploie nulle part l'adjectif ou le substantif *esthétique*, qui n'a pas encore cours en 1740-1750. Le terme ordinairement usité, pour désigner la réflexion sur le Beau est celui de *critique*.

2. « L'art de l'essai », « Les préjugés moraux », « De la médiocrité de condition » et « Un portrait de Robert Walpole » qui devient une note de l'essai « Que la politique peut être réduite à une science », note supprimée à son tour dans l'édition de 1770.

3. « Le caractère des nations », « Le contrat primitif » et « L'obéissance passive ».

augmentée est la dernière édition séparée, car, en 1753, les *Essays* sont incorporés dans la collection des œuvres philosophiques, collection qui reçoit son titre définitif : *Essays and Treatises on several Subjects*. À partir de l'édition de 1758, les *Essays* eux-mêmes (distingués des deux *Inquiries*) apparaissent désormais sous le titre de *Essays Moral, Political and Literary*, et sont divisés en deux parties : la première partie reprend l'ensemble des essais de 1748, moins les deux derniers des trois ajoutés dans cette édition, essais désormais incorporés dans la seconde partie, laquelle recueille par ailleurs les *Discours politiques* (primitivement parus en 1752 de manière séparée); de plus, deux des *Quatre dissertations* parues séparément en 1757 (« la tragédie », « La règle du goût ») viennent compléter la première partie[1]. Dans l'édition de 1764, trois essais de la première partie sont écartés[2] et deux nouveaux sont ajoutés à la seconde partie[3]. L'édition de 1770 perd un essai[4]. Enfin, l'édition de 1777 ajoute à la première partie un ultime essai « L'origine du gouvernement ». Ces changements de composition s'accompagnent, dans le détail des textes, de corrections, de suppressions et d'ajouts.

Le genre de l'essai prête à une écriture libre, à la fois dans sa facture et dans ses contenus. Nous en avons étudié ailleurs les avantages[5]. Par nature, chaque essai jouit d'une unité propre, on peut le dissocier des autres et le lire séparément.

1. Les deux autres étant la dissertation sur « Les Passions » et l'*Histoire naturelle de la religion*.

2. « L'Impudence et la Modestie », « L'amour et le Mariage » et « L'étude de l'histoire ».

3. « La jalousie du commerce » et « La coalition des partis ».

4. « L'avarice ».

5. Voir l'introduction à notre traduction du tome I des *Essais et traités sur plusieurs sujets*, Paris, Vrin, 1999, p. 16 *sq.*

Cette sorte d'écrit n'est pas non plus asservie à une forme doctrinale. Il est aisé, en lisant les essais qui suivent, d'apprécier la liberté de composition de l'auteur : on trouve ainsi en introduction tantôt une distinction propre à retenir l'attention du lecteur, tantôt une observation paradoxale qui conduit à poser une question, tantôt, une considération générale qui constitue une pièce en soi. Le développement consiste en la réponse donnée par l'auteur (Hume ne laisse aucun essai en suspens) soit sur un mode raccourci, soit au prix d'une certaine longueur, et il peut être coupé de digressions[1] ; quant à la conclusion, elle est souvent absente, ce qui se comprend assez, car la réponse consiste autant dans l'argument employé que dans la thèse soutenue ; et la forme littéraire de l'exercice est mieux satisfaite par une chute habile, une digression inattendue ou un trait piquant. Malgré cela, l'ordre des matières est toujours clair et, si l'analyse risque de faire perdre de vue au lecteur l'objet poursuivi, une récapitulation vient à son secours. Le texte est d'une lisibilité parfaite. Hume dit toujours sans masque ce qu'il a à dire.

Ce mélange de liberté et de rigueur intellectuelle se retrouve dans l'ordre des *Essays Moral, Political and Literary*, ordre progressivement fixé par le philosophe au fil de ses éditions et qui n'est pas indifférent. Quiconque lit l'ouvrage de manière suivie ne laisse pas d'être sensible non seulement à une incontestable unité de ton et de méthode, mais aussi à une continuité des contenus, parfois explicite ; et se prend à chercher sous les libertés attachées à ce genre littéraire un

---

1. La plus notoire est celle sur la politesse et la galanterie dans l'essai sur « L'origine et le progrès des arts et des sciences », § 31.

principe souple de composition[1]. Il est clair que, discrètement, Hume s'efforce de réaliser l'intention qu'il avait exprimée de manière fracassante dans l'introduction du *Traité de la nature humaine*, celle d'une science de l'homme qui soit complète; et d'une science beaucoup plus positive que ne l'imagine le lecteur du *Traité*, s'il se laisse impressionner par le scepticisme affiché de cette œuvre de jeunesse. Il faut aussi se souvenir de l'enseignement constant du philosophe : si la critique sceptique peut soumettre à son examen et mettre en suspens ce qui relève de l'activité de la raison, elle ne saurait être de mise dans le champ du sentiment, c'est-à-dire dans la Morale et la Critique, car ce serait mettre en péril les jugements pratiques qui sont indispensables à la vie humaine : la tâche de la philosophie est dans ce champ de mesurer la portée de ces jugements et d'en étudier le modalités.

Assurément, rien n'interdit qu'un éditeur, à des fins d'exposition, prenne aujourd'hui la liberté de composer un recueil d'essais qui soient ou moraux ou politiques ou économiques ou littéraires (esthétiques). Le choix opéré et l'ordre retenu sont alors entièrement de son fait, ce pour quoi il se doit de déclarer le principe de sélection qu'il a adopté, de justifier le choix des essais reproduits et de faire la preuve que, ce faisant, il ne se montre pas infidèle à l'ouvrage qui est à la source.

Il serait anachronique de chercher chez Hume une théorie esthétique à partir de laquelle déterminer un domaine du même nom. D'une part, le mot n'est pas encore reçu ni le concept formé en 1740; d'autre part, Hume choisit pour ses essais des sujets qui ne relèvent pas de la décision philosophique, mais sur lesquels on aimait débattre à l'époque, qui sont nourris

---

1. Voir nos introductions aux volumes I et II de notre traduction des *Essais et traités sur plusieurs sujets*.

d'une longue tradition et dont la vocation est de retenir l'attention d'un large lectorat. Quoi de plus commun au XVIIIe siècle que des considérations sur le goût[1]? Hume ne prétend pas à davantage d'originalité sur l'avenir de l'éloquence ou sur le plaisir qu'on éprouve à voir une tragédie. On peut même observer que nombre de ses arguments sont largement répandus ou trouvent leur origine dans les écrits de ses prédécesseurs[2]. Ses contemporains n'en étaient nullement offensés. Dans la parole ou l'écriture classique, l'invention tient d'abord à la disposition; la nouveauté n'est pas dans la matière traitée, mais dans la forme que prend la pensée. Cette tradition rhétorique convient à merveille à un philosophe qui est à la fois sceptique dans ses raisons et positif dans ses conclusions.

Pour fixer son choix, l'éditeur est donc condamné à examiner le sujet des divers essais et à les réunir par association. Sous le vocable d'essais « littéraires » (au sens rappelé ci-dessus), il peut placer sept textes : « L'art de l'essai », « De la délicatesse du goût et de la passion », « De l'étude de l'histoire », « De l'éloquence », « De la simplicité et du raffinement dans le style », auxquels il faut joindre deux des disserta-

---

1. On ne compte pas les essais ou les chapitres d'ouvrage portant sur le goût. Mentionnons à titre d'exemple l'*Essay on Taste* d'Alexander Gerard, paru à Londres, en 1759, deux ans après la dissertation de Hume sur le même sujet, et accompagné de trois dissertations de Voltaire, d'Alembert et Montesquieu. L'ouvrage obtint un prix; Hume et Adam Smith faisaient partie du jury. Il fut traduit en 1766 par Marc-Antoine Eidous (traduction nouvelle de P. Morère, Grenoble, Ellug, 2008).

2. Pour une présentation récente de la littérature de langue anglaise sur le sujet, voir T. Costelloe, « Hume's aesthetics : the literature and directions for research », *Hume Studies*, vol. 30, 2004, p. 87-126. En particulier, sur la dette de Hume à Du Bos, voir P. Jones, *Hume's Sentiments*, Edinburgh, University Press of Edinburgh, 1982, chap. 3.

tions de 1757 : « De la tragédie » et « De la règle du goût ». Ce
choix se justifie d'autant mieux que Hume touche rarement à
d'autres arts qu'à celui des Lettres et que les objets auxquels il
se réfère, relèvent principalement du discours et de l'écriture[1].
À ces sept essais l'on peut joindre celui sur « L'origine et le
progrès des arts et des sciences », qui est certes un essai politique, mais qu'on considérera comme *littéraire* pour autant
qu'il contient une réflexion majeure sur la méthode historique
et qu'il traite surtout des beaux-arts, lesquels constituent tradi-
tionnellement le fond de la culture des époques et des nations.
En revanche, il ne convient pas de retenir l'essai sur « Le
raffinement des arts », malgré son titre, qui doit rester dans le
groupe des essais économiques. Cet essai, paru initialement
dans les *Discours politiques* et conservant au fil des éditions sa
place dans les essais économiques, portait initialement le titre :
« Du luxe » et vient en complément de l'essai qui le précède
« Du commerce ». Il reprend, à partir de son fondement anthro-
pologique, la question fort débattue à l'époque, sur le double
plan économique et moral, du bien-fondé du luxe[2]. Hume
distingue expressément des arts libéraux les arts du luxe qui

1. On a pu dénoncer cette limitation et souligner combien Hume est plus
conservateur que certains de ses contemporains alors que des arts comme la
peinture et la musique sont au même moment en train de gagner leur pleine
autonomie. Les allusions sont rares et sans contenu : « De la délicatesse du goût
et de la passion », § 6 : la musique et la peinture ; « De l'éloquence », § 16 : la
sculpture, l'architecture et la peinture ; « De la tragédie », § 10, note : la peinture ;
§ 26 : les sujets des tableaux ; « De l'origine et du progrès des arts et des
sciences », § 48 : le modèle de la peinture italienne importé en Angleterre.

2. Les contemporains le comprirent comme tel. *Cf.* notre étude, « Hume
en France : la traduction des *Political Discourses* », dans *Cultural transfers :
France and Britain in the long eighteenth century*, A. Thompson, S. Burrows,
E. Dziembowski (eds.), Oxford, SVEC, 2010, p. 243-256.

produisent ces biens superflus qui s'ajoutent aux biens de nécessité et de commodité[1]. Pris de cette façon, le luxe n'est autre chose que la croissance même du superflu, en quelque sorte l'esprit du progrès économique rapporté au bonheur humain. Quand il est innocent, il faut le tenir pour utile au progrès des sociétés humaines.

Dans quel ordre faut-il présenter les essais choisis ? Aucun principe ne s'impose ici qui soit incontestable. Nous espérons dans la présentation qui suit susciter un effet de cohérence qui justifiera celui auquel nous nous sommes finalement arrêté.

## II. DEUX ESSAIS INTRODUCTIFS
### « L'ART DE L'ESSAI » ET « DE LA DÉLICATESSE DU GOÛT ET DE LA PASSION »

La comparaison des différentes éditions des *Essays* montre, nous le disions, comment, à la faveur des regroupements, des ajouts et des suppressions, l'ensemble de l'ouvrage tend vers un ordre plus réfléchi, celui qui s'affiche dans l'édition de 1770 (si l'on ne tient pas compte de l'ultime ajout de l'essai « Of the Origin of Government » dans l'édition posthume de 1777). Les deux premières éditions de 1741 et 1742, qui fournissent l'essentiel de ce qui deviendra ensuite la première partie des *Essays Moral, Political and Literary* où nous trouvons le plus grand nombre des essais littéraires, sont incontestablement marquées par un principe de variété, dans le goût alors à la mode du *Tatler* de Richard Steel (1709-1711) et surtout du *Spectator*, publication quotidienne animée par le même Steel

---

1. « De l'origine et du progrès des arts et des sciences », § 26.

et surtout par Addison qui y écrivit un grand nombre d'articles où se conjuguaient sur des sujets libres, mais pertinents, la finesse du jugement et une grande qualité du style (1711-1712). Le *Spectator* connut un immense succès et fut beaucoup imité. On pourrait aussi évoquer le *Craftsman* (1726-1750) auquel collabora Bolingbroke. Assurément, de telles publications, prenant la forme de l'essai périodique, étaient asservies au goût des lecteurs autant qu'elles travaillaient à le former ; elles traitaient des thèmes en vogue : véritable art social chargé de nourrir les intérêts et les curiosités du « monde de la conversation », c'est-à-dire de la classe cultivée de l'époque, qu'elle résidât à la ville ou dans les gentilhommières de la campagne.

Hume semble avoir eu d'abord, comme il l'avoue dans l'introduction de l'édition de 1741[1], l'idée de faire paraître des feuilles hebdomadaires écrites sur ce modèle, projet rapidement abandonné et remplacé par la publication de ces petites pièces d'écriture que sont les *Essays* et dont il déclare qu'il faut les considérer chacune à part. Modestie habituelle d'un auteur à l'adresse de ses lecteurs[2] ! Plus instructifs, en vérité, sont les deux essais servant d'introduction, l'un à l'édition de 1741 et conservé dans les éditions ultérieures (« Of the Delicacy of Taste and Passion »), l'autre placé en tête de la seconde partie de l'édition de 1742 et qui n'aura paru que dans cette seule édition[3] (« Of Essay-Writing »).

1. *Essays, Moral and Political*, Edinburgh, 1741, III-IV.

2. Sur cette intention primitive des *Essays*, voir M.A. Box, *The Suasive Art of David Hume*, Princeton, Princeton UP, 1990, chap. 3.

3. Hume le trouvant trop frivole et affecté. Voir la lettre à Charles Eskine, 13 février 1748 (dans *The Letters of David Hume*, J.Y.T. Greig (ed.), Oxford, Oxford UP, 1932, I, p. 112). *Cf.* la lettre à William Strahan, 7 février 1772 (*Letters*, II, p. 257).

Ce dernier essai s'efforce, sur un mode pompeux qui n'est pas du meilleur effet, de définir l'ambition de l'ouvrage : rapprocher les doctes et les mondains, le monde de l'étude et le monde de la conversation. Le recours à ce lieu commun que Hume a pu emprunter directement à Addison ou à Shaftesbury [1] présente un double intérêt.

D'abord, c'est rappeler que dans la République des Lettres qui réunit les deux populations, l'activité philosophique et l'exercice littéraire ont une mission proprement sociale à remplir et que, comme le proclamait Shaftesbury que Hume évoque indirectement, le savoir ne saurait rester enfermé dans les cabinets et les cellules ni demeurer sous l'emprise du clergé et de l'université (largement dominée par le clergé lui-même). La difficulté à rapprocher les deux genres de culture tient à ce qu'ils n'entretiennent pas les mêmes rapports : les savants ne sortent de leur étude que pour enseigner et se comportent en maîtres s'adressant à des élèves, tandis que les mondains, sur fond de politesse et de vie sociale, pratiquent l'art de la conversation.

Ensuite, on remarquera que cet essai est une première exposition de ce qui sera développé d'une manière plus mesurée et réfléchie dans la première section de l'*Enquête sur l'entendement humain* [2], section qui distingue entre la philosophie précise et abstruse et la philosophie évidente et facile, et qui s'interroge sur les moyens de rapprocher ces deux genres

---

1. Addison déclare que son ambition est de faire sortir la philosophie des cabinets et des bibliothèques pour l'introduire dans les clubs et les cafés (*The Spectator*, 10/12 mars 1711). *Shaftesbury* distingue entre le *fashionable world* et le *learned world* et s'interroge sur les moyens de les réconcilier (*The Moralists*, part 1, sect. 1).

2. Ce qui pourrait suffire à justifier la suppression de l'essai en 1748.

de philosophie également respectables et utiles[1]. Dans cette
section de l'*Enquête*, la distinction des deux genres résulte des
réflexions qu'on peut faire sur la nature de l'analyse philosophique : l'analyse, méthode indispensable à l'établissement
de la science, si elle est facteur de précision, obscurcit en
même temps les évidences qui font la substance des opinions
et de la conversation des hommes ; en quelque sorte, le développement de la science vient troubler ce fond de connaissance
commune, c'est-à-dire la culture, dont a besoin la vie sociale et
qui est largement hérité de la tradition. Le savoir ne saurait
donc se donner à la fois clair et distinct. Si l'on veut qu'il soit
clair aux esprits, alors il faut s'efforcer d'en représenter la
vérité plutôt que la rechercher dans des études abstruses ; il faut
recourir à l'éloquence plus qu'au raisonnement, et préférer
le plaisir social du consensus à la solitude de l'étude. Mais si
l'on veut le rendre distinct et le faire progresser avec davantage d'exactitude, comme le permet la mathématique pour
la physique, alors il ne faut avoir de cesse de s'élever dans
l'échelle des principes, lesquels, à chaque degré de généralité
acquise, sont rendus plus obscurs, à la fois par leur caractère
accru d'abstraction et par la spécification systématique qui
doit les accompagner. Or si le divorce est tolérable touchant
la philosophie naturelle, il ne l'est pas en ce qui concerne la
philosophie morale, car l'homme en est à la fois l'objet et le
sujet : objet soumis comme tout autre objet à l'analyse et à
l'abstraction, mais qui ne saurait être rendu obscur puisque,
en tant que sujets, les hommes ont besoin de se nourrir des
évidences indispensables à leur vie. Sans compter que ces

---

1. Hume n'a pas de mépris pour la philosophie facile, puisque ses deux
meilleurs représentants sont, au plus loin, Cicéron et, au plus proche,
Hutcheson, deux auteurs pour lesquels il a la plus grande considération.

évidences morales sont ce dans quoi on peut valider les vérités pratiques qui sont établies.

Mais les deux textes ont un autre point commun : Hume se place résolument du côté de l'étude et non du côté de la conversation, il ne reprend pas l'intention shaftesburienne d'une philosophie de la politesse. Dans l'essai, il se présente comme l'ambassadeur des provinces du savoir auprès des provinces de la conversation. Et dans la section I de l'*Enquête*, quiconque lit avec assez d'attention le texte [1] voit qu'il milite en faveur de la philosophie abstraite dont il représente l'utilité, et qu'il combat le mépris ou du moins l'indifférence que souvent la culture marque à l'égard de la science. On ne saurait donc abandonner la philosophie morale à la philosophie facile (à ce qu'on appelle aujourd'hui la pensée humaniste) sous le prétexte qu'elle est la philosophie de l'homme. De l'homme, il faut faire véritablement la science.

Hume aurait peut-être conservé l'essai si ne s'y trouvait une seconde partie à l'intention du beau sexe, qui souligne certes le rôle social joué par les femmes dans la diffusion de la culture, mais qui n'a guère de valeur philosophique : acte de galanterie ambiguë où le compliment qui est adressé aux femmes, qui sont réputées se plaire davantage aux passions vives qu'aux passions justes, s'accompagne d'un clin d'œil en direction des hommes. Quoiqu'il lui ait consacré des pages où il en prend la défense [2], la galanterie ne fut pas le fort de Hume, même lorsqu'il s'y essaya ; et il eut beaucoup plus de succès

---

1. Il faut à cet égard replacer dans son contexte la prosopopée de la nature et la trop célèbre formule (§ 6) : « Soyez philosophe ; mais au milieu de toute votre philosophie, soyez encore un homme ».

2. Voir l'essai sur « L'origine et le progrès des arts et des sciences », § 38-43.

auprès du sexe féminin quand, l'âge venu, lors de son séjour à Paris, en 1763-1765, il se contenta d'être ce qu'il était, un esprit fin et recherché dans un corps lourd et maladroit.

Si « l'Art de l'essai » nous instruit de l'ambition de l'auteur et des fins qu'il poursuit, celui sur « La délicatesse du goût et de la passion » présente au lecteur une sorte de miroir flatteur où il peut observer comment les pouvoirs de l'esprit opèrent dans le bon goût et dans la bonne compagnie. Dans les conversations dont se nourrit toute bonne compagnie, et dans les plaisirs qu'elle y trouve, les passions se communiquent aisément entre ses membres. Mais, pour la paix sociale et pour l'agrément de l'échange, il importe que ne communiquent de la sorte que les passions douces et que s'exerce le bon goût. Et dans la vie sociale la délicatesse du goût, qui se modère lui-même par les règles qu'il se donne, peut tempérer les excès de la délicatesse des passions.

La méthode suivie par l'essai est limpide : il compare pour les distinguer, et pour en examiner les rapports, deux qualités proches, la délicatesse de la passion et la délicatesse du goût. Comparaison utile, car elle souligne la différence de la passion et du goût, il est vrai non point dans leur origine, mais dans leurs effets : la délicatesse du goût comme la délicatesse de la passion « élargit la sphère de nos bonheurs comme de nos maux ; elle nous rend sensibles à des douleurs et des plaisirs qui échappent au commun des hommes » (§ 2). Mais la condition humaine est ainsi faite que si nous ne pouvons pas dominer les accidents de la vie, nous pouvons choisir et cultiver les objets du goût.

Ce propos n'est pas sans intérêt si on le replace dans le contexte critique de l'époque : les objets les plus fins ne sont pas les objets les plus forts, on ne goûte pas par passion ; et, pourrait-on ajouter dans la même idée, la passion n'est pas le

ressort du génie qui a une source indépendante. Or, ce qui fait défaut à la passion et qui se trouve dans le goût, c'est le jugement; et seul le jugement est susceptible d'être cultivé. Le jugement de goût nous fait préférer les passions « tendres et agréables » aux passions violentes et, puisque la passion est le principe qui favorise ou empêche la sociabilité, il nous incite à introduire du raffinement dans le commerce entre les hommes. Ce rappel de la fonction sociale du goût n'est pas en soi très original; ce qui l'est davantage, c'est de centrer le propos sur le jugement. Les passions les plus fortes nous font nous attacher à des objets bas et communs, « au lieu que dans les sciences et les arts libéraux un goût exquis est quasi la même chose qu'un jugement fort » (§ 4).

L'homme ne cesse de juger, les jugements sont indispensables à sa vie. Il y a deux sortes de jugement : les jugements d'entendement ou de vérité et les jugements moraux et esthétiques. Les jugements de vérité ou sont commandés par le raisonnement, quand ils sont fondés sur la perception d'une relation entre les idées, ou consistent en des croyances (susceptibles d'être corrigées) quand ils reposent sur l'expérience des faits. Les jugements relatifs au Bien ou au Beau sont d'une autre nature : leur procédé est d'apprécier leurs objets, d'en décider par approbation ou par blâme. Et l'on approuve toujours par plaisir et désapprouve par déplaisir. Ainsi compris comme une appréciation, comme une évaluation, comme une adhésion (ou son contraire), le jugement consiste en un certain rapport de conformité entre un sujet individuel qui juge et l'objet individuel dont il juge, entre un esprit qui donne à son objet sa valeur et l'objet qui affecte esthétiquement l'esprit. Mais alors, la dimension universelle propre à tout jugement devient un problème, ainsi que l'exigence assumée d'une proportion réglée entre la nature de l'appréciation émise par le

sujet et la valeur à reconnaître de l'objet. Il faut donc en venir à la définition de la règle du goût.

### III. « DE LA RÈGLE DU GOÛT »
#### UN PROBLÈME DE TRADUCTION

Le titre de l'essai *Of the Standard of Taste* présente une réelle difficulté de traduction. Sa tournure latine ne fait pas de difficulté puisqu'elle a cours en français. Et la forme de l'essai justifie assez qu'on l'emploie, même s'il y a en elle quelque chose de suranné. *Goût* a à peu près même valeur sémantique que *Taste*. Reste la traduction de *standard*. L'idée étant exclue qu'il faille pour comprendre ce mot déterminer l'essence du goût ou en représenter le principe transcendantal, considérons son usage.

Il n'est pas rare qu'on rende *the standard of taste* par *la norme du goût*[1]. Cette traduction nous paraît devoir être écartée. Pourtant, si l'on considère les sens de *standard* (étendard, étalon, modèle, type), on semble assez proche de l'aire sémantique de *norme* (dérivé de *norma*, équerre, règle, modèle). Et l'usage de ce mot est ancien au sens de *règle*. Or, le terme est absent des dictionnaires des XVIIe et XVIIIe siècles (on le chercherait en vain dans le *Dictionnaire de Trévoux* et, sauf erreur, il n'apparaît pas une seule fois dans l'*Encyclopédie* de Diderot et d'Alembert). Son emploi serait, au demeurant, d'autant plus anachronique que le lecteur d'aujourd'hui passe spontanément du sens ancien (loi, règle)

---

1. Ainsi font O. Brunet, *Philosophie et esthétique chez David Hume*, Paris, Nizet, 1965 ; et à sa suite R. Bouveresse dans D. Hume, *Les essais esthétiques*, vol. II, Paris, Vrin, 1974.

au sens récent (disposition influente, prescription sociale ou culturelle, forme prégnante de l'usage).

En vérité, si l'on s'en tient à l'usage reçu au XVIII<sup>e</sup> siècle, l'expression, très commune, *the standard of taste* doit être rendue par l'expression tout aussi commune *la règle du goût*. C'est d'ailleurs ce choix que font tous les traducteurs de l'époque, à commencer par Jean-Baptiste Mérian, le premier traducteur de l'essai de Hume. Et l'on peut vérifier la chose pour d'autres auteurs. Dans sa *Philosophical Enquiry into the origin of our Ideas of Sublime and Beautiful* (I, 19), publiée en 1757, Burke déclare « The true standard of the arts is in everyman's power » (rendu ainsi, en 1765, par l'abbé des François : « les véritables règles de l'art sont au pouvoir de tous les hommes »[1] et, en 1803, par Lagentie de Lavaïsse : « La véritable règle des arts est dans le talent de l'artiste »[2]). Dans sa *Theory of Moral Sentiments* (1759), Adam Smith parle en I, 1, 9-10 de *two different standards* par lesquels nous déterminons notre degré de blâme ou d'approbation des actions humaines et jugeons des productions de goût (en 1798, Sophie Grouchy traduit encore par *règles*). De même, dans ses *Elements of Criticism* (1762) Kames donne au chapitre XXV le titre : *Standard of taste* (l'ouvrage ne fut pas traduit en français). Dans ses *Essays* de 1776 (où à l'*Essay on the Nature and Immutability of Truth*, sont ajoutés trois essais « esthétiques »), Beattie donne pour titre au chapitre 2 de l'*Essay on Poetry and Music* : « *of the Standard of inventive Poetry* », titre que le traducteur de 1798 (an VI) rend par : « *Des règles de*

---

1. *Recherches philosophiques sur les idées que nous avons du sublime et du beau*, Londres, chez Hochereau, 1765, p. 118-119.

2. *Recherche philosophique sur l'origine de nos idées du sublime et du beau*, Paris, Jusserraud, An XI (1803), p. 98.

*la poésie inventive* » (p. 37, *cf.* p. 40). Dans ses *Lectures on
Rhetoric and Belles-Lettres* (1783), 1<sup>re</sup> partie, chapitre 2,
Hugh Blair, définissant ce qu'est le goût, emploie de manière
récurrente le mot *standard*, diversement rendu par le traducteur de l'époque, J.P. Quénot (1798, an VI) : « What that
*standard* (*règles*) is, to which, in such opposition of tastes, we
are obliged to have recourse, remains to be traced. A *standard*
(*principe*) properly signifies, that which is of such undoubted
authority as to be the test of other things of the same kind.
Thus a standard (*étalon*) weight or measure, is that which is
appointed by law to regulate all other measures and weight.
Thus the court is said to be the *standard* (*modèle*) of good
breeding ; and the scripture, of theological truth (*l'étendard
des vérités théologiques*). When we say that nature is the
*standard of taste* (*le type de goût*)… ».

Hume avait lu les Français et a été lu par les Français[1]. Si
donc on respecte par scrupule historique la pratique du XVIII<sup>e</sup>
siècle (et comment ne pas le faire ?), la seule traduction rece-

---

1. Voir le commentaire mitigé du *Mercure de France* qui, faisant la
recension des *Quatre dissertations*, loue celle sur les passions, mais se montre
plus réservé sur celle consacrée à « La règle du goût » : « Tels sont les principes
de Monsieur Hume sur cet objet ; il faut en suivre les développements dans
l'ouvrage même, qui ne m'a paru ni lumineux, ni agréable, quoique M. Hume
mette partout de la finesse, de l'esprit et de la philosophie. On le trouvera très
inférieur dans ses morceaux de pure littérature, à ce qu'il s'est montré dans ceux
de politique et de morale : et en général les Anglais paraissent encore très peu
avancés dans la critique en matière de goût » (*Mercure de France*, décembre
1759, p. 102). Fréron, dans sa propre recension dans l'*Année littéraire*, donnait
deux exemples du mauvais goût de Hume : l'histoire tirée de Cervantès et son
jugement sur l'*Athalie* de Racine. Grimm (1<sup>er</sup> janvier 1760 (Tourneux, IV,
p. 174 et 1<sup>er</sup> août 1760, IV, p. 265) estimait que les essais sur « La tragédie » et
sur « La règle du goût », quoique remplis d'excellentes observations, n'allaient
pas au fond des choses.

vable est : *la règle du goût*. Toutefois, si ordinaire que soit
l'usage du syntagme français et du syntagme anglais, les variations du traducteur du texte de Blair que nous venons de citer
montrent que les deux termes ne sont pas strictement équi-
valents. Pour pouvoir juger du bon goût et du mauvais, et
chasser le relativisme qui ruine toute possibilité d'évaluer et de
comparer les œuvres entre elles, le français en appelle à une
règle posée dans sa généralité abstraite, une règle qui doit être
respectée en toute production, même si le génie créateur n'a
pas besoin de la consulter ; l'anglais recherche plutôt un étalon,
c'est-à-dire telle œuvre ou tel jugement dont l'excellence
puisse servir de modèle ou de mesure aux autres œuvres ou aux
autres jugements (« To produce these general rules or avowed
patterns of composition... » (§ 16)[1]). À la déduction est ainsi
préférée l'autorité légitimée par le temps et l'usage. De là,
on peut être tenté d'opposer au rationalisme français (seule
la raison peut, en effet, fonder la règle dans son universalité
abstraite) « l'empirisme » britannique qui se borne à élire un
modèle qui, étant reconnu d'une manière ou d'une autre,
puisse servir d'étalon pour les autres productions[2].

Encore ne faut-il pas trop exagérer la différence. Dans son
essai, au § 6 (répété au § 28), Hume écrit : « It is natural for us to
seek a *standard* of taste, a *rule* by which the various sentiments
of men can be reconciled » (nos italiques). Les deux termes
sont manifestement ici tenus pour synonymes, étant porteurs
d'une même fonction, celle de faire s'accorder les apprécia-

1. Ainsi suffiraient-ils que des modèles (*models*) d'éloquence soient
offerts pour que, réunissant tous les suffrages, ils poussent tous les orateurs à
rivaliser dans le genre sublime.

2. Les sciences, qui recherchent la vérité des choses, prennent la réalité des
faits pour modèle (*standard*) (§ 7).

tions ou les jugements esthétiques des hommes. Il est vrai que, si l'on examine de plus près l'usage linguistique de Hume, on observe facilement que *standard* n'est jamais employé au pluriel tandis que *rules* l'est ordinairement ; ce qui se comprend bien si l'on voit que le *standard* opère plutôt comme une sorte de régularité immanente à l'appréciation du Beau, sachant que la perception esthétique est une affaire de goût ou de sentiment[1], tandis que les règles sont surtout le fait de la Critique qui, relativement à un domaine d'application, forme les maximes générales du Beau ou corrige sur le mode réflexif le goût ou le sentiment[2].

## IV. « DE LA RÈGLE DU GOÛT ». JUGEMENT ET CRITIQUE

Comme tous les autres essais, celui sur « La règle du goût » est d'une parfaite clarté, quelque complexe qu'il soit[3]. Il est aussi d'une grande finesse. Il part d'un fait universellement observable : la variété des goûts parmi les hommes. À chacun son goût, aime à répéter le sens commun. Cette variété est même plus grande qu'on ne le perçoit ordinairement, si l'on tient compte de l'effet des mots : d'une part, au sein d'une même langue, l'usage nous fait toujours joindre notre approbation ou notre blâme aux mêmes prédicats esthétiques (l'élégance, la

---

1. D'où les formules typiques : *any standard of taste*, *a true standard of taste and sentiment*, etc.

2. D'où les formules du § 8 : *the rules of composition, the rules of art, the particular rules of criticism*.

3. *Cf.* R. Ginsberg, « The literary structure and strategy of Hume's "Essay on the Standard of Taste" », dans *The Philosopher as a writer : the Eighteenth Century*, London, Associated UP, 1987, p. 199-237.

convenance, etc. ou l'emphase, l'affectation, etc.); d'autre part, les langues elles-mêmes ne sont pas sans s'accorder dans des jugements aussi généraux. Mais quand on en vient au détail du jugement et de la critique, les objets les plus divers sont placés sous ces prédicats partout en honneur. D'où il est tentant de conclure que les sentiments et les jugements dans le domaine du Beau sont entièrement relatifs et qu'il est impossible d'établir une quelconque règle du goût.

Les philosophes joignent leur voix à celle du sens commun; ils raisonnent ainsi : la beauté est affaire de sentiment, tandis que la vérité est affaire de jugement. En effet, les jugements d'entendement renvoient à une réalité qui sert de modèle à la connaissance, et c'est à l'aune de ce modèle qu'on mesure leur degré de justesse, et qu'on déclare des uns qu'ils sont vrais et des autres qu'ils sont faux. Mais les sentiments ne représentent en aucune manière leur objet; au plus, expriment-ils « une certaine conformité, un certain rapport entre l'objet d'une part, les organes et les facultés de l'esprit d'autre part » (§ 6). La beauté n'est pas une qualité dans les choses; le prédicat *beau* exprime la convenance de l'objet à l'organe, à la faculté par laquelle l'esprit s'en saisit. Il n'y a donc pas de beauté réelle dans les choses. La seule réalité est celle du sentiment. Et comme tous les sentiments sont réels dès lors que l'esprit en est conscient, et comme la vie de l'esprit est individuelle, on comptera autant de sentiments réels causés par un même objet qu'il y a d'individus. D'où l'on conclut qu'ils sont tous justes.

Faut-il donc être sceptique en matière de goût et déclarer que non seulement une règle du goût n'est pas possible, mais aussi qu'un jugement de goût ne l'est pas davantage ?

Hume ne conteste pas plus le fait qu'il ne discute l'argument. Il reconnaît que la variété des goûts est un fait

incontestable et il ne revient pas sur la position sentimentaliste, fréquente à son époque, qu'il avait lui-même adoptée
dans le *Traité* et qu'il rappelle ici (§ 7, 16[1]). Mais il relève un
autre fait également incontestable : les hommes ne cessent de
juger du Beau et d'établir des différences dans la valeur de
leurs jugements de goût. Même le relativiste le plus endurci ne
manque pas de donner la préférence à son propre goût, car il
*juge*. Et qui niera que les hommes se rencontrent souvent dans
leurs jugements de goût ? Ce sans quoi ils ne pourraient vivre
ensemble ni se nourrir d'une culture commune ni partager les
chefs d'œuvre des autres nations et des autres siècles. Homère
est encore en honneur aujourd'hui. De la variété des goûts on
ne saurait donc tirer cette règle qu'il *ne faut pas* chercher de
règle du goût.

Dans l'expérience esthétique, il faut distinguer deux
choses : le fait et la valeur. Nous ne cessons d'apprécier des
objets, de leur donner de la valeur, et de faire la différence
entre ceux auxquels nous attribuons de la beauté et ceux
auxquels nous attribuons de la laideur, et cela par plaisir et
déplaisir : « Le plaisir et la douleur ne sont donc pas seulement
ce qui accompagne nécessairement la beauté et la laideur,
ils en constituent l'essence même »[2]. La réalité du sentiment
consiste en cela. Mais tout fait est un effet, tout sentiment a une
cause, de sorte qu'on a raison de dire qu'il y a dans l'objet qui
est beau un pouvoir de produire le plaisir esthétique. Certes, le
rapport entre la cause et l'effet n'est pas un rapport de raison
ou, pour parler le langage de Hume, une relation d'idées. La
cause est si peu la raison de l'effet que dans toutes les inférences causales la nature même de la relation reste un point

1. *Traité de la nature humaine*, II, 1, 8.
2. *Traité*, II, 1, 8, § 2.

aveugle ; c'est pourquoi, Hume en appelle ici à la nature humaine qui, dit-il, est ainsi faite (§ 12, 16), ce qui est énoncer le principe et avouer en même temps qu'il n'est pas connu en lui-même, mais seulement par ses effets. Je puis, par exemple, me conformant aux canons de l'esthétique classique, continuer de dire que la juste proportion cause le sentiment du Beau, mais ce n'est pas établir par là un rapport d'essence entre la beauté et la proportion. En ce sens, même si le mot de *conformité* ou de *convenance* repris par Hume appartient à la thèse intellectualiste qui prétend découvrir dans l'objet des rapports de proportion et d'harmonie, lesquels, étant intelligibles à la raison, sont supposés être en conformité de nature avec elle, il faut en rester à cela seul : l'objet a en lui le pouvoir de causer le sentiment esthétique dans la sensibilité, comme les objets visibles ont le pouvoir de causer des perceptions visuelles.

La science de la nature humaine s'efforce d'accéder à la connaissance des lois générales par le moyen de l'analyse et de la généralisation. On observe que tel objet, lorsque telle qualité s'y trouve, cause un sentiment de plaisir ; et si cette observation est assez générale on l'exprime dans une loi. En conséquence de quoi, et quoique le Beau et le Laid relèvent du sentiment, « il faut reconnaître qu'il y a certaines qualités dans les objets qui sont naturellement propres à produire ces impressions particulières » (§ 16). Hume n'est pas un réaliste en ce sens que le Beau n'est pas chez lui une qualité réelle des choses, mais il est entièrement positif en ce sens qu'il soutient qu'il y a des qualités des choses qui *causent* le sentiment de la beauté dans l'esprit et que ces qualités sont analysables (qualités qui, conformément au canon qui l'inspire encore, reposent surtout sur les rapports d'ordre qu'on peut établir entre les parties de l'objet (§ 19, 22)).

Assurément, pour établir une telle science du Beau, qui est en vérité une partie de l'anthropologie ou de l'étude de la nature humaine, il faut lever l'objection de fait que représente la variété des goûts. Mais en prenant appui sur l'autre fait observé, celui de la concordance des goûts, réelle ou prétendue, qui s'exprime dans les jugements de goût, on peut tenir le raisonnement suivant. La nature humaine est ainsi faite que certaines qualités des objets causent le sentiment du Beau ; et pour autant qu'on observe que ce rapport de causalité (qui n'a rien de final) est constant et régulier, on peut le traduire dans des lois générales. Si l'on objecte que de la variété des goûts, qui est un fait d'expérience, on ne saurait tirer des rapports uniformes, il sera répondu que le propre des inférences causales est d'user de l'analyse pour procéder à la généralisation et que l'analyse à chaque degré supérieur de subtilité est amenée à distinguer des circonstances, des paramètres qui interviennent comme autant de facteurs de généralisation, mais aussi de spécification, puisqu'une loi générale ne saurait être posée sans que soient spécifiés les objets auxquels elle s'applique.

Disons-le autrement. Aucune liaison causale n'est assez forte pour exclure l'exception ou le cas contraire, la généralité ne faisant pas nécessité. Mais la négative est une incitation à l'analyse, laquelle loin d'affaiblir la généralité de la liaison, la renforce à un degré supérieur d'abstraction en expliquant pourquoi dans tel cas elle s'applique et dans tel autre cas elle est mise en défaut. Ainsi les sentiments du Beau sont, pour qui les étudie, des « émotions subtiles » « qui exigent le concours d'un grand nombre de circonstances favorables qui les fassent jouer avec facilité et exactitude selon les principes généraux qui les gouvernent » (§ 10). L'étude de ces circonstances, de ces facteurs, extérieurs et intérieurs, est donc le moyen d'expli-

quer pourquoi les goûts varient et ainsi de lever l'objection qui était opposée à l'idée de fixer une règle du goût.

On dira en conséquence : la nature humaine est ainsi faite que certaines qualités d'objet causent le sentiment de la beauté, mais qu'elles ne le causent pas toujours selon que telle ou telle circonstance, pourtant indispensable, est absente ou présente. Et tel est bien l'objet de l'essai : énumérer, expliquer et illustrer ces facteurs qui sont à l'origine de la variation des goûts. L'essai ne tente pas de fonder une quelconque norme du goût qui serait capable d'endiguer et d'encadrer les différences de goût, mais, y ayant des lois du goût, d'expliquer la variété des jugements de goût.

Ces facteurs ou ces circonstances sont ou intérieures (§ 12-23) ou extérieures (§ 28-31). Hume analyse successivement les circonstances intérieures et les récapitule dans le § 23 : l'état de perfection des organes de la sensation interne, la délicatesse du goût dont l'absence rend l'imagination moins sensible et la perception plus grossière; la pratique qui donne de la finesse autant dans l'exécution d'un œuvre que dans la perception de ses parties (§ 18); le recours à la comparaison entre les diverses espèces et les différents degrés de perfection (§ 19-20); l'absence de prévention et de préjugé, la juste disposition appropriée à l'objet (§ 21). Qualités qu'il est difficile de réunir : « c'est un caractère fort rare, même aux époques les plus brillantes, qu'un vrai juge en matière des beaux-arts » (§ 23).

Quant aux circonstances qui ne tiennent pas au degré de perfection relative de la faculté de goût, elles sont au nombre de deux : la constitution naturelle de chacun qui lui donne son humeur, sa disposition individuelle; et la différence des mœurs et des opinions propres à chaque époque et à chaque société. Ces deux circonstances font qu'il y a dans le jugement un certain degré de variation qui est inévitable, mais qui est en

partie compensable, dès lors qu'on est capable d'attention et de réflexion.

L'objet de l'essai étant ainsi nettement circonscrit, on peut apprécier à leur juste mesure les développements qu'il propose. Toutefois, il y a une difficulté résiduelle, qui est sensible à la lecture. En effet, Hume ne se contente pas d'affirmer qu'il y a des lois générales du goût, il en dérive la différence entre le bon goût et le mauvais goût et il prétend même représenter cette différence dans une règle du goût. Or on ne fera pas à l'auteur de la célèbre distinction entre le *is* et le *ought to be* l'injure de l'accuser de glisser subrepticement de l'un à l'autre, de passer d'une discours de fait à un discours prescriptif ou de traiter, comme beaucoup de ses contemporains, la nature humaine comme une puissance normative [1].

À quoi l'on peut répondre plusieurs choses. D'abord, que les sentiments et les jugements esthétiques des hommes se rapprochent plus ou moins d'un étalon qui naturellement réunirait toutes les circonstances requises dans une unique opération. Cet étalon, la part étant faite de toutes les finesses introduites par l'analyse, est celui où peut s'exprimer potentiellement un sens commun à tous les hommes. Si l'on objecte que dans une généralisation empiriste le principe est le *terminus ad quem* et non le *terminus a quo* et qu'au mieux on ne devrait réussir à établir en guise de principe que le consensus entre les hommes, avec toutes les limites et le conservatisme qu'entraîne un tel principe, l'on peut répondre que la méthode des circonstances, telle que nous l'avons brièvement évoquée, permet d'atteindre à une généralité spécifiée ou, si l'on préfère, à une généralité critique et que,

---

1. *Traité de la nature humaine*, III, 1, 1, dernier §.

depuis Bacon, l'on sait que l'induction prête à des déductions pratiques qui conduisent dans l'art à la production d'effets. De sorte que, dans le domaine du Beau, il est possible de décider de ce qui s'approche le plus du principe et, éventuellement, de produire des œuvres qui s'approchent le plus du principe.

Mais cela ne suffit pas, puisqu'il est dit que, selon qu'on s'approche plus ou moins du principe, le jugement ou l'œuvre a plus ou moins de *perfection*. Ainsi l'homme de goût est-il défini comme celui en qui la perfection de l'homme et la perfection du sens ne font qu'un » (§ 17). Et Hume ne cesse de parler du plus ou moins grand degré de perfection de l'organe de perception ou de l'œuvre perçue. En un sens, ce glissement se comprend puisque, le sentiment étant un facteur d'approbation et de blâme, donc de valeur, et donc de préférence, il semble bien qu'on doive reporter le plus ou moins de proximité à l'étalon sur une échelle intensive de qualité ou de perfection. Ce qui revient à dire que le principe obtenu par généralisation ne fournit pas seulement un étalon, mais proprement un modèle exprimable dans une règle. « Ainsi, bien que les principes du goût soient universels et sinon tout à fait, du moins presque les mêmes chez tous les hommes, cependant il en est bien peu qui aient qualité à donner leur jugement sur les productions de l'art ou à proposer leur propre sentiment comme règle du Beau (*standard of beauty*) » (§ 23).

Mais n'allons pas trop vite : comment peut-on de l'étalon devenu modèle tirer une règle du goût ? « Here, then, the general *rules* of beauty are of use, being drawn from established *models* » (§ 16, nos italiques). C'est là l'œuvre de la *Critique*. La fonction du *modèle du goût* est de trancher entre des appréciations variées ou concurrentes, son pouvoir est essentiellement discriminant relativement aux valeurs du

Beau (§ 25) et il agit plus par influence ou imitation que d'une manière prescriptive, tandis que la tâche de la Critique, fondée sur la connaissance de la nature humaine, est de ressaisir les déterminations du goût et du sentiment sous la forme de règles et de donner ainsi autorité à des jugements dûment réglés.

Hume ne donne pas de définition expresse de la Critique, mais dans les § 24 à 27, il se pose la question de savoir comment reconnaître un véritable critique. Or la réponse qu'il donne est instructive : ce n'est pas une question de sentiment, mais une question de fait qui relève de l'entendement ; car on demande si en tel ou tel homme on trouve les circonstances qui entrent naturellement dans le jugement de goût, et si en conséquence on peut se fier aux jugements esthétiques qu'il émet. Le critique se prononce, comme tout un chacun, par sentiment ; mais ce sont les lois générales qu'on a établies touchant les causes du sentiment du Beau, qui permettent de dire si son sentiment ou son jugement peut réunir tous les suffrages. « Bien que les hommes d'un goût délicat soient rares, on les distingue aisément en société par un entendement solide et des facultés supérieures qui les élèvent au dessus de reste des hommes » (§ 27).

Cet argument permet d'expliquer ce qu'est une règle du goût, ce qu'est *a true standard of taste, of judgment, of beauty* (§ 12, 21, 22, 23). Toute règle est une représentation intellectuelle et l'on sait que chez Hume la raison n'est pas pratique par elle-même, qu'elle n'est pas par elle-même un pouvoir des règles. De son côté, le sentiment approuve ou blâme par plaisir ou douleur, c'est-à-dire par émotion, ce par quoi il est la source des valeurs : seul le sentiment est déterminant des jugements de goût ; mais il n'est que cela. Or les sentiments et les jugements portant sur le Beau sont divers. Toutefois, on les dit plus ou moins parfaits selon qu'ils s'approchent ou non d'un étalon

servant de modèle, modèle dont la réalité de fait est définis-
sable par les circonstances externes et internes qui doivent y
être réunies. Le modèle repose sur le sentiment mais il est
reconnu comme modèle grâce aux critères descriptifs retenus,
et c'est par là que ses jugements acquièrent crédit et autorité et
qu'ils peuvent s'exprimer dans des règles valables pour tous.
L'on a ainsi un exercice de la raison qu'on pourrait dire correc-
tif et que l'on retrouve partout où Hume est amené à traiter
des règles : dans l'appréciation du Beau, dans l'approbation du
Bien, et même dans la connaissance du Vrai, ce qui est sans
règle ou déborde la règle (le sentiment, l'imagination) étant
corrigé, sur un mode réflexif. C'est la connaissance des causes
du sentiment du Beau quand les circonstances requises y sont
réunies, qui fait le contenu des règles. Quant à leur puissance
prescriptive, elles la tiennent de leur autorité, c'est-à-dire du
sentiment, validé par les lois générales de la nature humaine.

Résumons-nous. Le Beau et le Bien font l'objet d'une
appréciation immédiate qui ne relève pas de la raison, mais qui
est une affection (et toute affection agit par plaisir et douleur)
et une affection naturelle agissant en tout homme. Tout homme,
quel qu'il soit, est capable de louange et de blâme et, en ce
sens, on peut bien dire que la nature humaine est universelle.
Mais l'universalité naturelle, à la différence de l'universalité formelle, dépend de circonstances, elle est développée,
influencée par les variations de la nature et de la culture : si les
hommes, pris dans leur ensemble, ont en partage la même
nature, leur tempérament individuel et leur condition sociale
et historique peuvent grandement varier. Leurs jugements de
goût, comme leurs jugements moraux, pourront donc être
différents et même s'opposer. D'où le besoin d'établir des
règles pour faire la différence entre le bon jugement et le

mauvais jugement. Or toute règle résulte d'une activité rationnelle, lors même que l'origine de la règle n'est pas la raison. D'où cette question générale : comment la raison peut-elle se rapporter au sens, tant dans le domaine du goût que dans celui de la moralité ? Comment une universalité formelle, prescriptive, peut-elle valoir sur le fondement d'une généralité naturelle ? Comment – la nature n'étant rien que le jeu des causes et des effets – comment peut-on penser des jugements qui valent de droit et pas simplement de fait ? L'idée d'une raison corrective s'exprimant dans la Critique permet de répondre à cela.

Mais il y a une question plus séminale encore : sachant que c'est une qualité de l'objet beau (ou de l'action bonne) qui suscite le plaisir qui fait qu'on l'approuve ; sachant que toute appréciation, toute évaluation, est fondamentalement de nature intensive, de sorte que tout jugement qui tranche du Beau ou du Laid, du Bien ou du Mal, tout catégorique qu'il soit en tant que jugement, se disperse entre les individus quand ils doivent juger de la valeur d'une œuvre ; sachant que la règle est la représentation d'un modèle lui-même dérivé d'un étalon reconnu et autorisé ; sachant tout cela, comment la Critique peut-elle (et le peut-elle ?) venir à bout d'une variation, d'une indétermination qui est constitutive, celle des *degrés* d'appréciation dans le jugement esthétique, celle de la valeur *ordinale* du Beau [1] ?

---

1. Cette indétermination des jugements ordinaux fait le thème méthodologique de l'essai sur « La dignité ou la bassesse de la nature humaine ». Il est transformé en argument sceptique dans la douzième partie des *Dialogues sur la religion naturelle*. Sur ce dernier point, voir notre étude, « Inférence théologique et degrés de qualité », dans *Analyse et théologie*, S. Bourgeois-Gironde, B. Gnassounou et R. Pouivet (éds.), Paris, Vrin, 2002, p. 225-240.

## V. LA QUESTION DU STYLE

Dans l'essai précédent (§ 2), on l'a vu, Hume soutenait qu'il en va des valeurs littéraires comme des valeurs morales, les mêmes sont toujours louées et les mêmes blâmées. « Toutes les voix s'unissent pour applaudir en matière de style l'élégance, la convenance, la simplicité, le bel esprit, et pour blâmer l'emphase, l'affectation, la froideur, le faux brillant ». Mais dans le détail des objets qu'il faut placer sous ces prédicats généraux, les avis divergent considérablement. Le vocable lui-même emporte éloge ou blâme, c'est un fait de langue ; mais, dans les jugements de goût, il est amené à dénommer des objets entièrement différents. L'essai sur « La simplicité et le raffinement dans le style » justifie et complique à la fois le propos. Il part d'une définition de la beauté du style donnée dans les termes d'Addison, comme consistant en des sentiments qui sont naturels sans être communs (*obvious*), et reprend à sa manière la question classique du *naturel*. Le Beau plaît. Il plaît par le rapport qui est institué entre l'objet du discours et l'expression dans laquelle il est présenté. Si l'expression est aussi commune que ce qu'elle représente (par exemple, les grossièretés d'un porte-faix ou d'un cocher qui ne seraient pas exprimées avec des traits assez enlevés), elle ne procure pas de plaisir esthétique, le plaisir esthétique étant un plaisir d'agrément qui n'est pas causé par l'objet lui-même, mais par le style adopté par l'auteur. Il faut donc que le naturel s'accompagne des qualités d'élégance et de distinction, il faut un certain raffinement dans l'expression. Mais trop de raffinement, qui conduirait à oublier la nature de ce qui est représenté, fatigue l'esprit : il faut que le style soit lui-même constamment rapporté à l'objet. Ceci étant posé, Hume se livre à trois observations où se résume l'art classique : entre trop de raffinement

qui indispose l'esprit et trop de simplicité qui le dégoûte, il faut trouver le juste milieu, un juste milieu qui ne fait pas un point mais admet une grande latitude ; ce juste milieu est très difficile à dire avec des mots, de sorte qu'on ne peut déclarer dans une règle la limite entre le Beau et le fautif ; enfin, si excès il y a, trop de simplicité est préférable à trop de raffinement.

Si le propos n'est pas en soi nouveau, il l'est davantage quand on le rapporte à ce qui était dit dans l'essai sur « La règle du goût », où la variation du jugement esthétique était expliquée par les circonstances susceptibles de modifier le sentiment du Beau. Ici, Hume essaie de définir le naturel ou plutôt de le caractériser en empruntant à la rhétorique (l'essai porte essentiellement sur le discours) le couple de ces deux prédicats généraux que sont la simplicité et le raffinement. Toute entreprise de définition du naturel dans le style se heurte à l'impossibilité de fixer et de représenter dans une règle le juste milieu. Ce qui fait qu'on ne peut prendre appui que sur le sentiment ; ce qui fait aussi que la Critique est impuissante à établir une règle définissant exactement la beauté du style et que le plus qu'elle puisse faire soit de proposer, en les ordonnant, des modèles (Racine et Virgile seraient au plus près de ce juste milieu indiscernable et indicible ; Racine est plus simple et Corneille plus raffiné ; etc.). On retrouve ainsi un argument récurrent chez Hume, celui de l'imprécision des degrés de qualité : sur une échelle de perfection où l'on progresse par variation intensive, on peut certes classer les objets en les ordonnant selon le plus ou le moins, mais on ne saurait dire ce qu'est le plus et le moins. Le cas est ici plus composé : la simplicité et le raffinement étant des qualités contraires, l'indétermination se porte sur le juste milieu, doublement indéfinissable en tant qu'il tolère une certaine latitude et en tant que cette latitude ne peut être exprimée dans des limites

précises. L'idéal rationaliste du juste milieu est ainsi pris en défaut; ce que, au demeurant, les rationalistes avouaient eux-mêmes à leur corps défendant dans leur théorie du génie. Mais le propos est tourné chez Hume à l'avantage de la thèse sentimentaliste et au désavantage de la Critique qui ne saurait tout exprimer dans des règles, que ce soit dans le domaine du jugement esthétique ou de la création littéraire.

## VI. Trois genres littéraires : l'éloquence, la tragédie, l'histoire

1) Hume ne parle ni de peinture ni de musique, ses intérêts sont littéraires.

L'avantage de la forme de l'essai, nous le disions, est de permettre de reprendre sans dépense doctrinale ou magistrale des sujets qui sont dans l'air du temps. Ainsi du déclin de l'éloquence dans les temps modernes ou du paradoxe de la tragédie qui en représentant le malheur cause le plaisir du spectateur.

L'essai sur l'éloquence est exemplaire à cet égard. D'abord, le sujet est d'actualité. Le développement du régime parle-mentaire en Angleterre favorise le rôle de la parole et lui rouvre un domaine de prestige, alors que sous les gouver-nements absolus, l'art oratoire reste confiné à l'éloquence du barreau ou de la chaire. L'accès au trône de la famille de Hanovre, une famille étrangère, l'affaiblissement du parti tory après la révolte jacobite de 1715 en Écosse, la prépondérance whig et la règle peu à peu acceptée que les ministres, s'ils étaient choisis par le roi, devaient l'être dans le parti qui avait la majorité au Parlement, enfin le long ministère Walpole se maintenant en partie par la corruption, tous ces facteurs

créaient un espace de liberté où l'éloquence publique pouvait se donner libre cours. L'un des artisans de la chute de Walpole en 1742, William Pitt, qui n'accédera lui-même au pouvoir qu'en 1757, n'était-il pas doué d'une éloquence incisive et enflammée, d'autant plus influente que le personnage était intègre ? C'est dans ce contexte que Hume rédige son essai. Il en écarte l'art du barreau et l'art de la chaire, pour ne retenir que le discours délibératif.

Il n'est pas faux de dire que, dans la tradition historique, la réflexion sur le style et sur ses genres s'est développée en symbiose avec l'art de l'éloquence. Hume, dans la continuité de cet héritage, et sur le fond de la querelle des Anciens et des Modernes, fait le constat du déclin ou de la médiocrité de l'éloquence délibérative dans une Angleterre qui vient pourtant de conquérir de nouvelles libertés publiques. Or, remarquablement, contre l'idéal de la *politeness* (dont il va devenir lui-même un éminent représentant dans le champ littéraire), un idéal qui favorise une éloquence calme et mesurée et qui s'adresse plus au jugement qu'aux passions de l'auditoire, il défend le parti d'une éloquence passionnée fondé sur le partage des passions, l'orateur s'enflammant lui-même de sentiments forts et excessifs qu'il communique à son auditoire (§ 6). Le philosophe écossais est sans doute porté par sa culture classique : le « gouvernement populaire » qui s'installe en Angleterre fait revivre les conditions politiques sous lesquelles s'était développé l'art oratoire à Athènes et à Rome : Démosthène, incontestablement le plus grand, fut le contemporain des derniers jours de la démocratie athénienne et Cicéron celui des derniers jours de la république romaine.

L'argument est simple : le fait du déclin étant établi, on en recherche les causes, sous la forme d'une réfutation des raisons communément avancées : 1) les accents de l'ancienne

éloquence ne conviendraient pas à la pratique des Modernes
(le succès de l'éloquence reposant sur la capacité de l'orateur
de répondre aux facultés, aux goûts, aux passions de son auditoire) ni aux objets de la délibération politique (les lois qui se
multiplient et qui sont d'une complexité croissante). 2) Les
Modernes, gens de sens, répugnent au pathétique et n'accep-
tent dans leurs débats et leurs délibérations que de solides
arguments qui s'adressent non pas aux passions, mais à
l'intelligence de l'auditoire. 3) Les désordres et les crimes
étaient chez les Anciens d'une violence que les Modernes ne
connaissent heureusement plus. Ces raisons supposées étant
rejetées, il ne reste plus qu'à dénoncer le manque de génie ou le
manque de jugement des orateurs anglais et à espérer qu'un
modèle soit enfin offert aux jeunes esprits avides de gloire : il
est sûr qu'un tel modèle s'attirera aussitôt tous les suffrages.

Il semble que ce soit là, sous le thème du modèle, attendre
un événement heureux qui surviendra ou ne surviendra pas.
Mais la conclusion est plus forte qu'elle ne paraît : « le génie
des hommes semblant égal à toutes les époques » (§ 8[1]), la
faiblesse de l'éloquence des Modernes repose sur une faute
de goût qui est une faute de genre : « l'ancienne éloquence, je
veux dire l'éloquence sublime et passionnée, est d'un goût
bien plus juste que l'éloquence moderne, qui est argumentative et rationnelle » (§ 19[2]). L'éloquence est un genre littéraire
qui exige le style sublime, car elle joint l'action à l'expression :
elle émeut les passions en même temps qu'elle impressionne le
goût ; elle ravit par sa véhémence le public, au point même de
masquer ses artifices (§ 13), tout en ne laissant pas de causer un

---

1. Répété dans l'essai sur « L'origine et le progrès des arts et des sciences »,
§ 45.

2. Hume répète deux fois le syntagme : « le sublime et le pathétique ».

plaisir proprement esthétique. Elle est, en ce sens, un art, l'art qui, selon les Anciens, requiert le plus de génie ; c'est pourquoi l'essai se conclut en rejetant les discours improvisés.

Ce faisant, Hume s'inscrit dans la continuité d'une problématique fort ancienne, celle de la distinction des différents genres ou styles de l'art oratoire : le *gravis* (ou *vehemens*), le *medius* et le *subtilis* (*tenuis*), pour ne retenir que la tripartition de Cicéron dans le *De oratore*. Mais c'est surtout le traité sur *Le sublime* du Pseudo-Longin auquel Hume se réfère nommément (§ 6), que l'on entend dans cet essai. À la formule fameuse de Longin : « Car, par nature en quelque sorte, sous l'effet du véritable sublime, notre âme s'élève et, atteignant de fiers sommets, s'emplit de joie et d'exaltation, comme si elle avait enfanté elle-même ce qu'elle a entendu »[1], répond en écho l'essai (§ 7) : « Et quel art supérieur, quels talents sublimes fallait-il pour s'élever, par de justes degrés, à un sentiment aussi fort et excessif, pour enflammer l'auditoire et lui faire partager des passions aussi violentes ou des conceptions aussi élevées, et pour cacher enfin sous un torrent d'éloquence l'artifice qui était à l'œuvre ! » (§ 6).

2) De l'éloquence à la tragédie, Hume se charge lui-même de faire la transition. La question est, elle aussi, classique : « Comment expliquer le plaisir que les spectateurs d'une tragédie bien écrite prennent à l'affliction, à la terreur, à l'anxiété, à toutes ces passions qui sont par elles-mêmes des causes de désagrément et de tourment ? » (§ 1[2]). Du Bos répondait par l'argument du divertissement : à l'ennui, à la langueur qui accompagne le repos, l'âme préfère l'agitation

---

1. Longin, *Du sublime*, VI, 2, trad. fr. J. Pigeaud, Paris, Rivages, 1991.
2. Cf. *Traité de la nature humaine*, I, 3, 10, in fine, § ajoutés de l'appendice.

des passions, même affligeantes[1]. Réponse inadaptée car elle
ne tient pas compte que ces passions sont dans la tragédie des
passions représentées. Fontenelle proposait une autre explication, incorporant cette dimension de la représentation : le
mouvement du plaisir poussé trop loin devient douleur et la
douleur lorsqu'elle est modérée devient plaisir ; or, si le spectacle du malheur cause de la douleur, le spectateur qui est au
théâtre sait que ce n'est qu'une représentation, ce qui suscite
en lui « une douleur agréable et des larmes qui font plaisir »[2].
Réponse insuffisante, déclare Hume, puisqu'un orateur peut
présenter, dans un discours éloquent capable de ravir son
auditoire, des faits tragiques très réels. Mais Hume retient
de Fontenelle la distinction entre la passion communiquée,
laquelle est douloureuse dans la tragédie, et le sentiment de
plaisir qui est causé par la représentation ou l'expression,
quand elle est de qualité. Ainsi la distinction ébauchée dans
l'essai sur l'éloquence entre la passion et le sentiment esthétique est-elle explicitement confirmée : « Je réponds que cet
effet extraordinaire [du plaisir naissant du fond du tourment]
est dû à l'éloquence avec laquelle la scène est représentée dans
toute son horreur » (§ 9).

Mais il reste à expliquer comment la passion douloureuse
attachée au contenu de la représentation et le plaisir esthétique
causé par la forme de la représentation s'accordent, et de telle
sorte que la douleur se change en plaisir. À cette fin, Hume
reprend un argument qu'il avait avancé dans le *Traité* II, 3, 4,
pour expliquer la violence des passions. Non seulement deux
passions produites par des causes séparées et présentes simul-

1. Du Bos, *Réflexions critiques sur la poésie et la peinture* (1719-1733),
I<sup>re</sup> partie, chap. 1 et 2.

2. Fontenelle, *Réflexions sur la poétique*, § 36.

tanément dans l'esprit, se mêlent et s'unissent aisément même si elles n'ont pas de relation, mais aussi deux passions contraires causées par un même objet s'unissent également, et la passion la plus faible se convertit en la passion la plus forte en lui apportant une force additionnelle. Et il applique cette dynamique à l'éloquence et à la tragédie. La tragédie emplit l'âme du spectateur de mouvements violents et douloureux, mais les beautés de la représentation et du style causent un plaisir plus fort que l'affliction ressentie, de sorte que celle-ci « reçoit une nouvelle direction des sentiments de beauté » (§ 9) et communique toute son énergie au plaisir qui domine dans l'âme du spectateur ravi ; à quoi s'ajoute l'agrément qui accompagne toute imitation de la nature. « La force de l'imagination, la vigueur de l'expression, le pouvoir des nombres, les agréments de l'imitation, sont choses naturellement agréables à l'âme. Et quand les objets qu'elles servent à représenter captivent d'eux-mêmes quelque affection, le plaisir s'augmente encore, par la conversion de ce mouvement subordonné dans le mouvement dominant » (§ 19). Et Hume d'appuyer cette observation par des exemples et des contre-exemples, dont certains sont empruntés au texte du *Traité*.

3) Hume fut, on le sait, l'auteur d'une *Histoire de l'Angleterre* qui connut un immense succès en Angleterre, en Europe et en Amérique. Il est peu disert sur sa pratique d'historien. Et ce n'est pas l'essai sur « L'étude de l'histoire », retiré après 1760, qui instruit beaucoup le lecteur. L'essai est surchargé d'une « raillerie contre les dames » (§ 3) qui ne lui ajoute guère. Mais il énonce trois avantages de l'étude de l'histoire : « elle amuse l'imagination ; elle perfectionne l'entendement ; elle renforce la vertu ». Elle divertit l'imagination par les tableaux qu'elle peint ; elle instruit utilement les hommes du passé de leur nation et fournit une matière abon-

dante à la science de la nature humaine; et enfin la vertu n'est jamais si bien représentée et défendue que par les historiens qui tiennent le milieu entre les hommes d'entreprise trop portés par leur intérêt et les philosophes trop prisonniers des vues générales et abstraites. Cette conception des mérites de l'histoire est traditionnelle. Si l'on veut comprendre plus étroitement l'utilité de l'histoire, il faut se rapporter à la pratique du philosophe/historien écossais, dont les essais politiques offrent un bon exemple, en tant que, dans un même mouvement, ils s'efforcent de jeter les principes d'une science politique et d'expliquer l'histoire et même l'actualité de la vie politique de la nation anglaise.

## VII. L'ESSAI SUR « L'ORIGINE ET LE PROGRÈS DES ARTS ET DES SCIENCES »

Hume aura pratiqué deux sortes d'histoire, l'histoire historienne et ce qu'il nomme *histoire naturelle*, dans sa dissertation sur *L'histoire naturelle de la religion*. Cette dernière sorte d'histoire présentée sous la forme d'une genèse hypothétique, mais fondée sur les lois de la nature humaine, traite, sur le mode de la généralité, de la naissance et du progrès de la société politique (la formation des lois de justice, la genèse des formes de gouvernement), de la civilisation ou de la religion. Une telle narration est de nature déductive et elle représente ses objets dans des tableaux historiques. Ce genre philosophique fut fréquemment employé chez les auteurs du XVIII<sup>e</sup> siècle.

Dans la première partie des *Essays Moral, Political and Literary*, l'essai sur « L'origine et le progrès des arts et des sciences » vient à la suite de l'essai sur « La liberté civile », qui

compare les systèmes de la liberté civile (le régime anglais) et du gouvernement absolu (la monarchie française) quant à leurs effets sur les affaires humaines, et de celui sur « L'éloquence » présenté ci-dessus. Ces trois essais sont solidaires par plusieurs traits : d'une part, ils sont une réflexion sur les conditions politiques (gouvernement libre ou monarchie absolue) du développement des arts et des sciences, et, plus généralement, de ce qui sera bientôt nommé « la civilisation »; d'autre part, ils présentent des considérations de méthode relatives à l'analyse historique, quand elle se livre à des conjectures sur les faits – l'expérience proprement historique des hommes étant encore limitée (« De la liberté civile », § 1) – et quand elle fait valoir des causes générales. À ce titre, ces trois essais sont des essais historiques et politiques.

L'essai sur « L'origine et le progrès des arts et des sciences » développe quatre considérations sur les conditions politiques du développement des arts et des sciences, observations qui, étant confirmées par les faits, sont érigées en maximes de la science de la nature humaine. Il commence par présenter assez longuement un point de méthode relatif à la recherche des causes : la généralité des causes ne faisant pas nécessité, il faut dans l'analyse des affaires humaines « distinguer exactement entre ce qui est dû au hasard et ce qui est produit par les causes ». Ce qui est dû au hasard tient principalement à l'influence que les hommes d'État peuvent exercer en tant qu'individus sur les événements, et en leur capacité à modifier l'orientation de l'histoire; sachant que cette influence des grands hommes, dont on ne peut ignorer le rôle (§ 5), est aussi inexplicable que peut l'être celle des génies dans le domaine des arts. Bien sûr, les grands hommes et les génies sont solidaires de leur temps et une partie de leur action peut s'expliquer par là (§ 8), mais il reste quelque chose en eux qui échappe

irréductiblement à toute analyse causale. Et l'on a vu l'essai sur
« L'éloquence » se conclure par l'attente d'un nouveau génie
qui se lèverait tout à coup à la Chambre des Communes et qui
pourrait servir de modèle aux esprits des temps modernes.
Cet aveu de l'influence du hasard ou de l'individualité sur
l'histoire des hommes touche toute analyse historique et
condamne l'historien, s'il est aussi philosophe, à une prudence
méthodologique que Hume exprime sous la forme d'une
règle : « Tout ce qui est relatif à un petit nombre d'hommes doit
s'attribuer de préférence au hasard ou à des causes secrètes
et inconnues ; tout ce qui est relatif à un grand nombre peut
souvent s'expliquer par des causes connues et déterminées » (§ 2). Il faut savoir apprécier l'influence des circonstances individuelles relativement au pouvoir des causes, et
réciproquement, puisque les deux se composent. L'analyse
causale doit donc, sans renoncer à son intention scientifique,
savoir se maintenir dans certaines bornes, et ainsi admettre
l'irréductible variété des affaires humaines. Si Hume historien
abandonne la pratique des annales, il ne tombe pas pour autant
dans une histoire strictement déterministe.

La naissance et le progrès du savoir s'expliquent moins
aisément que la naissance et le progrès du commerce, car
ils dépendent d'une passion qui est chez les hommes moins
constante que les autres, à savoir la curiosité, et dont l'efficace
est suspendue à certaines conditions qui concernent les individus (la jeunesse, le loisir, l'éducation, le génie, les bons
exemples (§ 6)). Il ne faut pas néanmoins renoncer à toute
explication causale et certains facteurs s'avèrent détermi-
nants, en particulier ces facteurs que sont les constitutions
politiques des États (gouvernement libre ou monarchie auto-
ritaire), replacés dans le mouvement général de la civilisation.
Hume développe successivement quatre points. 1) Les arts et

les sciences prennent leur première origine dans des peuples jouissant d'un gouvernement libre (§ 10-15). 2) Rien ne favorise davantage l'essor de la politesse et du savoir que les relations commerciales et politiques entre un certain nombre d'États voisins (§ 16-23). 3) Les arts et les sciences peuvent être transplantés d'un type de régime à l'autre, les sciences réussissant mieux dans une république et les beaux-arts dans une monarchie civilisée : « Le génie réussit mieux dans les républiques, le bon goût dans les monarchies » (§ 29-30). 4) Quand les arts et les sciences ont atteint leur perfection dans un État, ils commencent à décliner par une conséquence nécessaire (§ 44-50). La justification de ces quatre points, qui constitue une réflexion générale sur le devenir de la civilisation, s'appuie plus ou moins explicitement sur l'exemple antique des Grecs et des Romains et détaille la comparaison des deux grandes nations rivales de l'Europe moderne, l'Angleterre, pays de la liberté, et la France, pays de l'autorité monarchique.

L'essai, prémonitoire au moment de sa publication en 1742, eut un écho considérable et durable, d'abord parce que les contemporains pouvaient identifier immédiatement les exemples donnés, ensuite parce qu'y était traitée une grande question dont l'actualité allait grandissant en Europe ou en Amérique, celle de la fonction civilisatrice du pouvoir politique : un gouvernement peut-il, et par quels moyens, transformer la condition et les mœurs de ses sujets et les élever en un rapide laps de temps de l'état de sauvagerie à celui de la politesse et du savoir[1] ? La Russie de Catherine II offrait à elle

---

1. On trouve ainsi des traces de l'essai dans l'ouvrage de Jean-Baptiste Robinet, *Considérations sur l'état présent de la littérature en Europe*, publié

seule un champ d'expérimentation exemplaire[1]. Hume, on le sait, a l'art des formules; et celle de l'essai : « de la loi naît la sécurité; de la sécurité la curiosité; et de la curiosité la connaissance » (§ 14) récapitulait son message : il faut que les peuples se donnent d'abord des lois par le moyen d'un gouvernement libre, avant de chercher à faire de grands progrès dans les sciences et les arts – la porte restant ouverte à la possibilité d'en transplanter les résultats des gouvernements libres dans les gouvernements monarchiques civilisés.

La comparaison entre l'Angleterre et la France ne serait pas complète si n'étaient touchés dans une « digression » (§ 44), au côté des arts de la composition et du style, les arts de la conversation : des arts qui introduisent dans la société humaine la politesse et la galanterie et qui participent au perfectionnement des arts libéraux.

## VIII. Principes de la présente traduction

Il n'y a pas de traduction sans choix ni décision. Car il serait vain d'imaginer un texte idéal dont l'on aurait deux versions, l'une anglaise et l'autre française, celle-ci étant censée coïncider avec celle-là. Hume a écrit ses essais en anglais, nous les traduisons en français. Chacune des deux

---

à Paris en 1762. Robinet est le probable traducteur des *Essays Moral and Political* et très certainement celui de la seconde *Enquête*.

1. Voir notamment les *Pensées détachées ou fragments politiques échappés d'un portefeuille d'un philosophe* de Diderot, paru en 1772 dans la *Correspondance littéraire*. Diderot, qui manifestement se souvient de l'essai de Hume, défend l'idée qu'il faut d'abord développer les arts mécaniques et améliorer le sort du peuple.

langues a son génie propre, et ce serait mal respecter la langue
du philosophe que de malmener notre propre langue. Cette
seule considération devrait suffire à interdire deux pratiques
de la traduction assez communes aujourd'hui, celle de la transposition et celle du commentaire. Elles vont d'ailleurs souvent
de pair : au nom de la rigueur du commentaire, on exige que les
textes soient traduits au ras de la lettre. La langue de Hume ne
s'y prête-t-elle d'ailleurs pas ? Les mots ne sont-ils pas souvent
d'origine latine, la structure des phrases n'est-elle pas fort
classique et les procédés stylistiques ne relèvent-ils pas d'une
rhétorique qui transcende les langues ? La conséquence d'un
tel procédé serait de diminuer la fonction du traducteur, dès lors
condamné à s'effacer au bénéfice du commentateur, lequel
serait seul habilité à assumer la responsabilité philosophique
du texte. Mais à faire ainsi on ne tient compte ni de l'auteur ni
du lecteur. Hume avait de son vivant la réputation d'être un
excellent écrivain : sa langue est claire et mesurée, il dit
exactement ce qu'il a à dire dans une forme qui était celle de la
culture de son époque et qui est indissociable de son contenu.
La rendre dans une transposition qui est inévitablement
gauche en français, c'est assurément lui faire offense. C'est
aussi faire peu de cas du lecteur et oublier que Hume écrivait
pour son public et souhaitait expressément réconcilier les
doctes et les gens du monde.

On dira peut-être que la philosophie n'a plus aujourd'hui la
même ambition et qu'un traducteur pour être bon philosophe
doit faire preuve de la plus grande acribie quant à la lettre.
Mais je crains que de la sorte on ajoute à l'inconvenance littéraire une faute proprement philosophique. Cette acribie dont
on se fait un devoir (ou par laquelle on justifie sa paresse) est
ordinairement mise en avant au nom du concept. Qu'importe
le mot pourvu qu'on pense le concept, dit-on, le commentateur

va du concept au mot, ce qui peut bien autoriser la maladresse de la langue chez le traducteur qui va du mot au concept. Or quiconque a une pratique ordinaire de l'œuvre de Hume sait que pour lui l'activité philosophique ne consiste pas en cela. Il est à la fois un philosophe sceptique et un philosophe positif. Un philosophe sceptique ne construit pas des concepts, mais présente des arguments; un philosophe positif a le souci non point de donner à penser, mais de référer aux faits ou aux choses et d'énoncer des maximes ou des lois. Où trouver chez lui des notions premières? Quoi de plus vague que les notions de croyance, d'habitude ou de goût? Ou trouver chez lui des principes premiers? Quoi de plus misérable, diront ses critiques, que son psychologisme, que son empirisme, que son naturalisme, en regard de l'ambition proprement philosophique? Mais Hume est nominaliste: il lui suffit de dire en raisonnant; il n'a rien à penser. Non pas que la langue de Hume ne soit pas exacte; elle l'est. Un nominaliste a toujours le souci de l'exactitude. Mais il lui suffit d'être exact dans l'*usage* qu'il fait des mots, et des mots pris communément. Tout l'art du discours consiste en cela. À charge pour le traducteur de respecter cette forme de rigueur dans sa propre langue, sachant que les langues ne suivent pas nécessairement les mêmes usages. Nous nous sommes essayé à cela. Les difficultés rencontrées ne sont pas négligeables. Il y a la difficulté des intraduisibles, bien connus, laquelle se répète à chaque occurrence. Il y a cette autre difficulté que la langue du XXI$^e$ siècle n'est ni en français ni en anglais celle du XVIII$^e$ siècle. Le traducteur doit-il s'adresser au lecteur dans la langue d'autrefois ou dans celle d'aujourd'hui? Il est partagé entre deux

exigences contraires : celle de favoriser une meilleure lisibilité
et celle d'éviter tout anachronisme .

Assurément, le traducteur est seul comptable de ses succès
et de ses échecs.

La vieille édition de T.H. Green et de T.H. Grose, *The
Philosophical Works of David Hume* (London, 1874-1875)
a longtemps eu cours. Récemment, les éditions complètes
ou partielles des *Essays* se sont multipliées. Parmi celles-ci,
on retiendra celle d'Eugène F. Miller (Indianapolis, Liberty
Classics, 1985, révisée en 1987), reprenant l'édition de 1777
et corrigeant les fautes ou les libertés de Green et Grose (mais
restant tributaire de ces derniers pour les variantes).

Nous offrons ici, en regard de la traduction française, un
texte anglais « normal », utile, nous l'espérons, au lecteur mais
qui ne saurait avoir la valeur d'une édition critique. Suivant un
usage de mieux en mieux établi, nous avons numéroté les para-
graphes. Nous avons modernisé quelque peu la ponctuation
(en éliminant notamment les « : » de juxtaposition en usage au
XVIIIᵉ siècle). Nous donnons en note les variantes qui nous ont
parues les plus significatives.

Les notes de Hume sont appelées par des lettres; nos
propres notes par des chiffres arabes. Tout ce qui est entre
crochets est de notre fait.

DAVID HUME

**ESSAIS SUR L'ART
ET LE GOÛT**

# OF ESSAY-WRITING *

1. The elegant part of mankind, who are not immersed in the animal life, but employ themselves in the operations of the mind, may be divided into the *learned* and *conversable*. The learned are such as have chosen for their portion the higher and more difficult operations of the mind, which require leisure and solitude and cannot be brought to perfection, without long preparation and severe labour. The conversable world join to a sociable disposition and a taste of pleasure, an inclination to the easier and more gentle exercises of the understanding, to obvious reflections on human affairs and the duties of common life, and to the observation of the blemishes or perfections of the particular objects, that surround them. Such subjects of thought furnish not sufficient employment in solitude, but require the company and conversation of our fellow-creatures, to render them a proper exercise for the mind. And this brings mankind together in society, where every one displays his thoughts and observations in the best manner he is able, and mutually gives and receives information, as well as pleasure.

* Cet essai ne parut que dans l'édition de 1742 des *Essays Moral and Political*, vol. 2, où il était placé en tête; il fut ensuite retiré par Hume qui le jugeait trop frivole.

# L'ART DE L'ESSAI

1. La partie distinguée de l'humanité qui, n'étant pas abîmée dans la vie animale, peut s'employer aux exercices de l'esprit, se partage en deux genres : les *doctes* et les *mondains*. Les doctes ont choisi pour leur part de s'adonner aux activités les plus élevées et les plus difficiles de l'esprit : il y faut du loisir et de la solitude, et, pour atteindre à la perfection, une longue préparation et un dur labeur. Les seconds, les mondains, joignent à une disposition sociable et au goût du plaisir un penchant pour les exercices qui sont les plus aisés et les plus aimables de l'entendement, pour les réflexions évidentes qu'inspirent les affaires humaines et les devoirs de la vie commune, pour l'observation enfin des défauts et des perfections qu'ils trouvent dans les objets particuliers qui les entourent. De tels sujets prêtent à réflexion, mais ne suffisent pas à meubler une solitude ; pour en faire un bon emploi pour l'esprit, il faut que s'y ajoutent la compagnie et la conversation de nos semblables. Chose qui rassemble les hommes dans des sociétés où chacun exprime avec tout l'art dont il est capable ses pensées et ses observations, et donne autant qu'il reçoit, l'instruction comme le plaisir.

2. The separation of the learned from the conversable world seems to have been the great defect of the last age, and must have had a very bad influence both on books and company. For what possibility is there of finding topics of conversation fit for the entertainment of rational creatures, without having recourse sometimes to history, Poetry, politics, and the more obvious principles, at least, of philosophy? Must our whole discourse be a continued series of gossiping stories and idle remarks? Must the mind never rise higher, but be perpetually

> Stun'd and worn out with endless chat
> Of Will did this, and Nan said that?

3. This would be to render the time spent in company the most unentertaining, as well as the most unprofitable art of our lives.

4. On the other hand, learning has been as great a loser by being shut up in colleges and cells, and secluded from the world and good company. By that means, every thing of what we call *Belles Lettres*[1] became totally barbarous, being cultivated by men without any taste of life or manners, and without that liberty and facility of thought and expression which can only be acquired by conversation. Even philosophy went to wrack by this moaping recluse method of study, and became as chimerical in her conclusions as she was unintelligible in her style and manner of delivery. And indeed, what

1. En français dans le texte.

2. Le divorce entre les doctes et les mondains semble avoir été le grand défaut du siècle dernier et n'a pas manqué d'exercer une très mauvaise influence sur les livres et sur la vie mondaine. Car quel moyen y a-t-il de trouver des sujets de conversation capables de divertir des créatures rationnelles, si l'on n'a point recours parfois à l'histoire, à la poésie, à la politique et ne serait-ce qu'aux principes les plus évidents de la philosophie? Faut-il que toutes nos paroles soient une suite continue de commérages et de remarques oiseuses? Faut-il que l'esprit ne s'élève jamais plus haut que d'être perpétuellement

> Accablé et harassé par un incessant bavardage :
> Will a fait ceci, Nan a fait cela![1]

3. Le temps passé en société serait alors la partie de la vie la plus ennuyeuse en même temps que la moins profitable.

4. De l'autre côté, le savoir a tout autant perdu en se tenant enfermé dans les collèges et les cellules, loin du monde et de la bonne compagnie. C'est ainsi que toutes les parties de ce qu'on nomme les Belles Lettres tombèrent dans la barbarie, cultivées qu'elles étaient par des hommes qui n'avaient aucun goût de la vie ni des manières, et à qui manquaient cette liberté et cette facilité de la pensée et de l'expression qui ne s'acquièrent que par la conversation. La philosophie elle-même fut mise à la torture par cette triste méthode d'étude recluse et se fit aussi chimérique dans ses conclusions qu'elle était inintelligible dans son style et dans son mode d'expression. En vérité, que

---

1. Matthew Prior (1664-1721), « Alma or the Progress of the Mind » (1718). Voir *The Literary Works of Matthew Prior*, 2 vols., Oxford, Clarendon Press, 1959, v. 524-525, I, p. 514.

could be expected from men who never consulted experience in any of their reasonings, or who never searched for that experience, where alone it is to be found, in common life and conversation?

5. It is with great pleasure I observe that men of letters, in this age, have lost, in a great measure, that shyness and bashfulness of temper, which kept them at a distance from mankind; and, at the same time, that men of the world are proud of borrowing from books their most agreeable topics of conversation. It is to be hoped, that this league betwixt the learned and conversable worlds, which is so happily begun, will be still further improved to their mutual advantage; and to that end, I know nothing more advantageous than such essays as these with which I endeavour to entertain the public. In this view, I cannot but consider myself as a kind of resident or ambassador from the dominions of learning to those of conversation; and shall think it my constant duty to promote a good correspondence betwixt these two states, which have so great a dependence on each other. I shall give intelligence to the learned of whatever passes in company, and shall endeavour to import into company whatever commodities I find in my native country proper for their use and entertainment. The balance of trade we need not be jealous of, nor will there be any difficulty to preserve it on both sides. The materials of this commerce must chiefly be furnished by conversation and common life; the manufacturing of them alone belongs to learning.

6. As it would be an unpardonable negligence in an ambassador not to pay his respects to the sovereign of the state where he is commissioned to reside, so it would be altogether inexcusable in me not to address myself, with a particular respect, to the fair sex, who are the

pouvait-on attendre de personnes qui ne consultaient l'expérience dans aucun de leurs raisonnements et qui ne recherchaient jamais cette expérience là où on peut seulement la trouver, je veux dire : dans la vie commune et la conversation ?

5. J'observe avec le plus grand plaisir que les hommes de Lettres de notre temps ont beaucoup perdu de cette timidité et de ce tempérament réservé qui les tenaient éloignés du reste des hommes ; et aussi que les hommes du Monde s'honorent de tirer des livres les sujets les plus agréables de la conversation. Il est à souhaiter que cette entente entre les deux mondes, du savoir et de la conversation, qui a si heureusement commencé, aille s'améliorant pour leur bénéfice mutuel. Et à cette fin, je ne sais rien de plus avantageux que des essais comme ceux que je me propose d'offrir au public, afin de le divertir. Sous ce jour, il faut que je me considère comme une sorte de ministre résident ou d'ambassadeur envoyé par les provinces du savoir auprès des provinces de la conversation. Et je me ferai un devoir constant de nouer une relation féconde entre ces deux États qui dépendent si étroitement l'un de l'autre. Aux doctes, je ferai la chronique de tout ce qui se passe dans la compagnie ; et j'essaierai d'importer au sein de la compagnie tous les avantages de mon pays natal que je trouve propres à son usage et à son plaisir. De la balance de ce commerce, il n'y a pas à être jaloux ; et c'est sans difficulté qu'on la maintiendra des deux côtés. Dans cet échange, la matière première doit principalement venir de la conversation et de la vie commune. Il n'appartient au savoir que d'en faire la manufacture.

6. Et de même que ce serait une faute impardonnable de la part d'un ambassadeur que de ne point rendre ses devoirs au souverain de l'État où il est chargé de résider, de même serait-il totalement inexcusable de ma part de ne point m'adresser avec un respect tout particulier au Beau Sexe, lequel règne en

sovereigns of the empire of conversation. I approach them
with reverence; and were not my countrymen, the learned, a
stubborn independent race of mortals, extremely jealous of
their liberty, and unaccustomed to subjection, I should resign
into their fair hands the sovereign authority over the republic
of letters. As the case stands, my commission extends no
further, than to desire a league, offensive and defensive,
against our common enemies, against the enemies of reason
and beauty, people of dull heads and cold hearts. From this
moment let us pursue them with the severest vengeance. Let
no quarter be given, but to those of sound understandings and
delicate affections; and these characters, it is to be presumed,
we shall always find inseparable.

7. To be serious, and to quit the allusion before it be worn
thread-bare, I am of opinion, that women, that is, women of
sense and education (for to such alone I address myself) are
much better judges of all polite writing than men of the same
degree of understanding; and that it is a vain panic, if they be
so far terrified with the common ridicule that is levelled
against learned ladies, as utterly to abandon every kind of
books and study to our sex. Let the dread of that ridicule
have no other effect, than to make them conceal their
knowledge before fools, who are not worthy of it, nor of
them. Such will still presume upon the vain title of the male
sex to affect a superiority above them. But my fair readers
may be assured that all men of sense, who know the world,
have a great deference for their judgment of such books as lie
within the compass of their knowledge, and repose more
confidence in the delicacy of their taste, though unguided

souverain sur l'empire de la conversation. Je m'approche avec révérence de ces Dames; et, si mes concitoyens, une race de mortels opiniâtrement attachés à leur indépendance, si les doctes, dis-je, n'étaient point extrêmement jaloux de leur liberté et rebelles à la sujétion, je remettrais entre leurs belles mains l'autorité souveraine sur toute la République des Lettres. Dans l'état présent, ma charge ne va pas plus loin que de demander la formation d'une ligue, offensive et défensive à la fois, contre nos ennemis communs, contre les ennemis de la raison et de la beauté, les têtes obtuses et les cœurs froids. Et à partir de maintenant, sus à l'ennemi sans faiblir : ne faisons quartier qu'à ceux qui sont d'entendement sain et d'affection délicate, caractères, n'en doutons pas, que nous trouverons toujours unis.

7. Mais soyons sérieux et quittons la métaphore avant qu'elle ne montre la corde. Je suis d'avis que les femmes, j'entends les femmes de sens et d'éducation, car je ne m'adresse qu'à elles, sont de bien meilleurs juges que les hommes – à compréhension égale – pour apprécier tous les genres de beaux écrits; et que c'est vaine panique de leur part que de redouter le ridicule commun qu'on jette sur les femmes savantes et qui les effraie si fort qu'elles abandonnent totalement à notre sexe la lecture et l'étude. Que cette crainte du ridicule n'ait d'autre effet que de leur faire masquer leurs connaissances devant des fous qui n'en sont pas dignes et qui ne sont pas dignes d'elles ! Gens qui se prévaudront certes du vain titre du sexe mâle pour affecter sur elles je ne sais quelle supériorité ! Mais que mes belles lectrices soient assurées que tous les hommes de sens qui connaissent le Monde accueillent avec beaucoup de déférence leur jugement sur tous les livres qui sont dans l'étendue de leurs connaissances, et qu'ils placent plus de confiance dans la délicatesse de leur goût, si peu guidé

by rules, than in all the dull labours of pedants and commentators. In a neighbouring nation, equally famous for good taste, and for gallantry, the ladies are, in a manner, the sovereigns of the learned world, as well as of the conversable; and no polite writer pretends to venture upon the public, without the approbation of some celebrated judges of that sex. Their verdict is, indeed, sometimes complained of and, in particular, I find that the admirers of Corneille, to save that great poet's honour upon the ascendant that Racine began to take over him, always said, that it was not to be expected, that so old a man could dispute the prize, before such judges, with so young a man as his rival. But this observation has been found unjust, since posterity seems to have ratified the verdict of that tribunal. And Racine, though dead, is still the favourite of the fair sex, as well as of the best judges among the men.

8. There is only one subject on which I am apt to distrust the judgment of females, and that is, concerning books of gallantry and devotion, which they commonly affect as high flown as possible; and most of them seem more delighted with the warmth than with the justness of the passion. I mention gallantry and devotion as the same subject, because, in reality, they become the same when treated in this manner; and we may observe that they both depend upon the very same complexion. As the fair sex have a great share of the tender and amorous disposition, it perverts their judgment on this occasion and makes them be easily affected even by what has no propriety in the expression nor nature in the sentiment. Mr. Addison's elegant discourses of religion have no relish with them, in comparison of books of mystic devotion;

par les règles qu'il soit, que dans les pesants travaux des pédants et des commentateurs. Dans une nation voisine, également réputée pour son bon goût et sa galanterie, les Dames règnent aussi bien sur le monde savant que sur celui de la conversation ; et aucun écrivain distingué n'ose se risquer au public, sans l'approbation de quelques juges célèbres de ce sexe. Il est vrai qu'on se plaint parfois de leur jugement ; et je vois par exemple que les admirateurs de Corneille pour préserver l'honneur de ce grand poète de l'avantage que Racine commençait alors de prendre sur lui, allèrent répétant qu'un homme aussi âgé ne pouvait disputer le prix devant de tels juges, avec pour rival un homme aussi jeune. Mais cette remarque s'est avérée injuste, puisque la postérité semble avoir ratifié le verdict de ce tribunal. Et Racine, même mort, est encore le favori du Beau Sexe, aussi bien que des meilleurs juges parmi les hommes.

8. Il y a un seul sujet sur lequel je me défierai plutôt du jugement des femmes, c'est touchant les livres de galanterie et de dévotion : elles ont coutume de les préférer aussi excessifs que possible ; et elles semblent pour la plupart se plaire davantage aux passions vives qu'aux passions justes. Je mentionne la galanterie et la dévotion comme un seul sujet, parce que, en fait, elles finissent par se ressembler quand elles sont traitées de cette manière ; dépendant toutes deux, comme on peut l'observer, de la même complexion. Le Beau Sexe recèle en lui une grande part de disposition tendre et amoureuse ; son jugement s'en trouve perverti à cette occasion ; il est facilement touché, même par ce qui est sans justesse dans l'expression, sans naturel dans le sentiment. Les élégants discours de Mr Addison sur la religion ne flattent point le goût des femmes quand elles ont dans les mains des livres de dévotion mystique ;

and Otway's tragedies are rejected for the rants of Mr. Dryden.

9. Would the ladies correct their false taste in this particular; let them accustom themselves a little more to books of all kinds, let them give encouragement to men of sense and knowledge to frequent their company, and, finally, let them concur heartily in that union I have projected betwixt the learned and conversable worlds. They may, perhaps, meet with more complaisance from their usual followers than from men of learning; but they cannot reasonably expect so sincere an affection; and, I hope, they will never be guilty of so wrong a choice as to sacrifice the substance to the shadow.

et elles délaissent les tragédies d'Otway pour les extravagances de Mr Dryden[1].

9. Puissent les dames vouloir corriger ici leur mauvais goût ! Puissent-elles s'habituer un peu plus aux livres de toute sorte ! Puissent-elles encourager les hommes de sens et de science à fréquenter leur compagnie ! Puissent-elles enfin concourir de bon cœur à cette union que j'ai projetée entre le monde du savoir et le monde de la conversation ! Peut-être trouvent-elles plus de complaisance auprès de leurs admirateurs habituels que des hommes de science ; mais elles ne peuvent raisonnablement en attendre une affection aussi sincère. Et, je l'espère, elles ne se rendront jamais coupables d'un choix si mauvais qui leur ferait sacrifier la proie pour l'ombre.

1. Thomas Otway (1652-1685), auteur de tragédies. John Dryden (1631-1700), poète, critique, auteur de tragédies héroïques, et satiriste politique.

# OF THE DELICACY OF TASTE AND PASSION*

1. Some People are subject to a certain *delicacy of passion*, which makes them extremely sensible to all the accidents of life, and gives them a lively joy upon every prosperous event, as well as a piercing grief, when they meet with misfortunes and adversity. Favours and good offices easily engage their friendship, while the smallest injury provokes their resentment. Any honour or mark of distinction elevates them above measure; but they are as sensibly touched with contempt. People of this character have, no doubt, more lively enjoyments, as well as more pungent sorrows, than men of cool and sedate tempers. But, I believe, when every thing is balanced, there is no one, who would not rather be of the latter character, were he entirely master of his own disposition. Good or ill fortune is very little at our disposal; and when a person, that has this sensibility of temper, meets with any misfortune, his sorrow or resentment takes entire possession of him, and deprives him of all relish in the common occurrences of life, the right enjoyment of which forms the chief part of our happiness. Great pleasures

---

*Cet essai parut dans l'édition de 1741 et fut constamment reproduit en tête des *Essays*.

## DE LA DÉLICATESSE DU GOÛT
## ET DE LA PASSION

1. Certains êtres sont sujets à une *grande délicatesse de passion* : sensibles à l'excès à tous les accidents de la vie, ils prennent une joie immodérée à la moindre prospérité, mais ils se désespèrent face à l'infortune et à l'adversité. Faveurs, bons offices, c'est assez pour retenir leur amitié, tandis que la plus petite injustice excite leur ressentiment. Les honneurs, les marques de distinction les transportent au delà de toute mesure, mais le mépris ne les affecte pas moins sensiblement. Nul doute que tous ceux qui ont ce caractère éprouvent des joies plus vives, et aussi des peines plus intenses, que les tempéraments froids et posés. Mais à tout prendre il n'est personne, je crois, qui ne se préfère de la seconde espèce – à supposer qu'il soit possible de décider entièrement de ses propres dispositions. Nous ne sommes guère maîtres de notre fortune, bonne ou mauvaise. Quand de tels tempéraments sensibles croisent l'infortune, ils se laissent entièrement dominer par le chagrin ou le ressentiment, et ils n'ont plus de goût aux rencontres ordinaires de la vie dont la jouissance mesurée forme la part principal de notre bonheur. Comme les grands plaisirs

are much less frequent than great pains; so that a sensible temper must meet with fewer trials in the former way than in the latter. Not to mention that men of such lively passions are apt to be transported beyond all bounds of prudence and discretion, and to take false steps in the conduct of life, which are often irretrievable.

2. There is a *delicacy of taste* observable in some men, which very much resembles this *delicacy of passion*, and produces the same sensibility to beauty and deformity of every kind, as that does to prosperity and adversity, obligations and injuries. When you present a poem or a picture to a man possessed of this talent, the delicacy of his feeling makes him be sensibly touched with every part of it; nor are the masterly strokes perceived with more exquisite relish and satisfaction, than the negligences or absurdities with disgust and uneasiness. A polite and judicious conversation affords him the highest entertainment; rudeness or impertinence is as great a punishment to him. In short, delicacy of taste has the same effect as delicacy of passion: it enlarges the sphere both of our happiness and misery, and makes us sensible to pains as well as pleasures, which escape the rest of mankind.

3. I believe, however, every one will agree with me, that, notwithstanding this resemblance, delicacy of taste is as much to be desired and cultivated as delicacy of passion is to be lamented and to be remedied, if possible. The good or ill accidents of life are very little at our disposal; but we are pretty much masters what books we shall read, what diversions we shall partake of, and what company we shall keep. Philosophers have endeavoured to render happiness entirely independent of every thing external. That degree of perfection is impossible to be *attained*. But every wise man will endeavour to place his

sont beaucoup moins fréquents que les grandes peines, une nature sensible aura plus à sentir les secondes que les premiers. Ajoutons que ceux qui nourrissent de si vives passions se laissent transporter au delà de toutes les limites de la prudence et du jugement, et font des faux pas souvent irréparables dans la conduite de leur vie.

2. D'autres êtres montrent une *délicatesse de goût* très semblable à cette *délicatesse de passion*; elle produit la même sensibilité à toute espèce de beauté et de laideur que cette autre à la prospérité et à l'adversité, aux bons offices et aux offenses. Présentez un poème ou un tableau à une personne qui a cette qualité; la finesse de ses impressions fait qu'elle est vivement touchée de chaque détail; elle goûte les traits de maître avec délice, avec une exquise satisfaction; mais elle reçoit les négligences et les incongruités avec une répugnance et un désagrément qui n'est pas moins égal. Une conversation sensée et de bon ton la divertit extrêmement, mais la grossièreté et l'impertinence lui sont un supplice. En un mot, la délicatesse de goût a les mêmes effets que la délicatesse de passion. Elle élargit la sphère de nos bonheurs comme de nos maux; elle nous rend sensibles à des douleurs et à des plaisirs qui échappent au commun des hommes.

3. Cependant, malgré cette ressemblance, chacun m'accordera, je pense, que la délicatesse de goût est autant à désirer et cultiver que la délicatesse de passion est à déplorer et à soigner, si c'est possible. Les accidents de la vie, bons ou mauvais, sont très peu à notre discrétion; en revanche, nous sommes à peu près maîtres des livres que nous lisons, des distractions que nous partageons et de la compagnie que nous fréquentons. Les philosophes ont essayé de rendre le bonheur totalement indépendant des choses extérieures. Ce degré de perfection est impossible à *atteindre*; mais le sage essaiera de placer sa

happiness on such objects chiefly as depend upon himself; and *that* is not to be *attained* so much by any other means as by this delicacy of sentiment. When a man is possessed of that talent, he is more happy by what pleases his taste, than by what gratifies his appetites, and receives more enjoyment from a poem or a piece of reasoning than the most expensive luxury can afford[1].

4. Whatever connection there may be originally between these two species of delicacy, I am persuaded that nothing is so proper to cure us of this delicacy of passion, as the cultivating of that higher and more refined taste, which enables us to judge of the characters of men, of the compositions of genius, and of the productions of the nobler arts. A greater or less relish for those obvious beauties which strike the senses, depends entirely upon the greater or less sensibility of the temper; but with regard to the sciences and liberal arts, a fine taste is, in some measure, the same with strong sense, or at least depends so much upon it that they are inseparable. In order to judge aright of a composition of genius, there are so many views to be taken in, so many circumstances to be compared, and such a knowledge of human nature requisite, that no man, who is not possessed of the soundest judgment, will ever make a tolerable critic in such performances. And this is a

---

1. *1741 to 1770 editions insert*: How far delicacy of taste and that of passion are connected together in the original frame of the mind, it is hard to determine. To me there appears a very considerable connexion between them. For we may observe that women, who have more delicate passions than men, have also a more delicate taste of the ornaments of life, of dress, equipage, and the ordinary decencies of behaviour. Any excellency in these hits their taste much sooner than ours; and when you please their taste, you soon engage their affections. *1770 omits the last sentence*.

félicité dans les objets qui dépendent surtout de lui-même ; et le plus sûr moyen d'*y atteindre* est dans cette délicatesse de sentiment. Quand un homme possède une telle aptitude, il est plus heureux par ce qui satisfait son goût que par ce qui contente ses appétits ; il tire d'un poème ou d'un raisonnement plus d'agrément que ne peut lui en offrir le luxe le plus coûteux [1].

4. Quelque rapport qu'il y ait à l'origine entre ces deux sortes de délicatesse, je suis persuadé que rien n'est plus propre à nous guérir de la délicatesse de passion que de cultiver ce goût supérieur et raffiné qui nous rend capables de juger des caractères humains, des compositions de génie et des productions des arts nobles. Le plus ou moins de saveur que l'on trouve aux beautés communes qui frappent les sens, est entièrement proportionné à une plus ou moins grande sensibilité du tempérament ; au lieu que dans les sciences et les arts libéraux, un goût exquis est quasi la même chose qu'un jugement fort ; du moins en dépend-il si étroitement qu'il en est inséparable. Pour bien juger d'une composition de génie, il y a tant de vues à embrasser, tant de circonstances à comparer, et il est demandé une telle connaissance de la nature humaine, qu'à moins de posséder le jugement le plus sain, on ne fera jamais un critique acceptable dans ce genre d'excellence. Et c'est une

---

1. *Les éditions de 1741 à 1770 poursuivent ainsi* : Il est difficile de déterminer jusqu'à quel point la délicatesse de goût et la délicatesse de passion sont unies ensemble dans la constitution primitive de l'esprit. Il me semble que cette liaison est très étroite. Car nous pouvons observer que les femmes qui ont des passions plus délicates que les hommes ont aussi un goût plus délicat pour les ornements de la vie, pour les parures, les équipages et les bienséances usuelles. Toute excellence en ces matières frappe leur goût plus rapidement que le nôtre ; et si vous flattez leur goût, vous vous attirez bientôt leurs affections. *Cette dernière phrase est omise dans l'édition de 1770.*

new reason for cultivating a relish in the liberal arts. Our
judgment will strengthen by this exercises; we shall form
juster notions of life; many things, which please or afflict
others, will appear to us too frivolous to engage our attention;
and we shall lose by degrees that sensibility and delicacy of
passion which is so incommodious.

5. But perhaps I have gone too far in saying, that a
cultivated taste for the polite arts extinguishes the passions,
and renders us indifferent to those objects which are so fondly
pursued by the rest of mankind. On further reflection, I find
that it rather improves our sensibility for all the tender and
agreeable passions; at the same time that it renders the mind
incapable of the rougher and more boisterous emotions.

> *Ingenuas didicisse fideliter artes,*
> *Emollit mores, nec sinit esse feros.*

6. For this, I think there may be assigned two very natural
reasons. In the first place, nothing is so improving to the
temper as the study of the beauties either of poetry, eloquence,
music or painting. They give a certain elegance of sentiment to
which the rest of mankind are strangers. The emotions which
they excite are soft and tender. They draw off the mind from
the hurry of business and interest, cherish reflection, dispose to
tranquillity, and produce an agreeable melancholy which, of
all dispositions of the mind, is the best suited to love and
friendship.

nouvelle raison de cultiver un goût pour les arts libéraux. Notre jugement sera fortifié par cet exercice. Nous nous formerons des notions plus justes de la vie. Tant de choses qui réjouissent ou affligent autrui nous paraîtront trop frivoles pour retenir notre attention ; et par degrés nous perdrons cette sensibilité et cette délicatesse de passion qui sont si fort à charge.

5. Mais peut-être ai-je été trop loin en disant que la culture du goût pour les arts policés éteint les passions et rend indifférent aux objets si ardemment poursuivis par le commun des hommes. À mieux y réfléchir, je trouve que ce goût augmente plutôt notre sensibilité à toutes les passions tendres et agréables, et qu'il éloigne notre âme des émotions qui sont grossières et tapageuses.

> *Ingenuas didicisse fideliter artes,*
> *Emollit mores, nec sinit esse feros* [1].

6. Je crois qu'on peut donner à ceci deux raisons très naturelles. La première est que rien n'est plus propre à adoucir le tempérament que l'étude des beautés de la poésie, de l'éloquence, de la musique ou de la peinture. Ces beautés invitent à une certaine élégance de sentiment à laquelle les autres hommes restent étrangers. Les émotions qu'elles éveillent sont douces et tendres. Elles délivrent l'âme de la hâte des affaires et des intérêts ; elles entretiennent la réflexion ; elles disposent à la tranquillité et produisent cette agréable mélancolie qui, de toutes les dispositions de l'âme, prête le plus à l'amour et à l'amitié.

---

1. « L'étude fidèle des arts libéraux adoucit les mœurs et les rend moins farouches » (Ovide, *Pontiques*, II, IX, v. 47-48).

7. In the second place, a delicacy of taste is favourable to love and friendship, by confining our choice to few people, and making us indifferent to the company and conversation of the greater part of men. You will seldom find that mere men of the world, whatever strong sense they may be endowed with, are very nice in distinguishing characters, or in marking those insensible differences and gradations which make one man preferable to another. Any one that has competent sense is sufficient for their entertainment, they talk to him, of their pleasures and affairs, with the same frankness that they would to another, and finding many who are fit to supply his place, they never feel any vacancy or want in his absence. But to make use of the allusion of a celebrated French author[a], the judgment may be compared to a clock or watch, where the most ordinary machine is sufficient to tell the hours, but the most elaborate alone can point out the minutes and seconds, and distinguish the smallest differences of time. One that has well digested his knowledge both of books and men, has little enjoyment but in the company of a few select companions. He feels too sensibly how much all the rest of mankind fall short of the notions which he has entertained. And, his affections being thus confined within a narrow circle, no wonder he carries them further than if they were more general and undistinguished. The gaiety and frolic of a bottle companion improves with him into a solid friendship; and the ardours of a youthful appetite become an elegant passion.

a. *Mons.* Fontenelle, *Pluralité des Mondes*. Soir 6.

7. La seconde raison est que cette délicatesse de goût sert beaucoup l'amour et l'amitié, car elle borne notre commerce à un nombre choisi de personnes et nous rend indifférents à la compagnie et à la conversation du grand nombre. Rarement dans le Monde les gens ordinaires, quelque sens qu'ils aient, montrent beaucoup de finesse quand il faut distinguer les caractères et marquer ces différences et ces degrés insensibles qui font préférer un homme à un autre. Le premier venu, pourvu qu'il ait de la solidité, suffit à les charmer. Ils lui parlent de leurs plaisirs et de leurs affaires avec la même liberté qu'ils le feraient avec tout autre; et comme il peut être aisément remplacé, ils ne ressentent ni vide ni manque en son absence. Mais, pour reprendre l'image d'un célèbre auteur Français[a], le jugement peut se comparer à une horloge ou une montre : la machine la plus ordinaire suffit à dire les heures; mais seules les plus travaillées peuvent marquer les minutes et les secondes, et noter les plus petites différences de temps. Un homme qui a bien digéré la connaissance qu'il a des livres et des hommes, ne se plaît que dans la société de quelques compagnons choisis. Il ressent trop vivement combien le reste des hommes est éloigné des notions qu'il s'est formées. Et, ses affections étant ainsi bornées à un cercle étroit, s'étonnera-t-on qu'il les porte plus loin que si elles étaient plus générales et plus répandues? L'enjouement, la bonne humeur d'un compagnon de table se grandit chez lui en une solide amitié; et les ardeurs d'une bouillante jeunesse deviennent une élégante passion.

a. Fontenelle, *La pluralité des mondes*, Soir 6.

## OF THE STANDARD OF TASTE *

1. The great variety of taste, as well as of opinion, which prevails in the world, is too obvious not to have fallen under every one's observation. Men of the most confined knowledge are able to remark a difference of taste in the narrow circle of their acquaintance, even where the persons have been educated under the same government, and have early imbibed the same prejudices. But those who can enlarge their view to contemplate distant nations and remote ages, are still more surprised at the great inconsistence and contrariety. We are apt to call *barbarous* whatever departs widely from our own taste and apprehension, but soon find the epithet of reproach retorted on us. And the highest arrogance and self-conceit is at last startled, on observing an equal assurance on all sides, and scruples, amidst such a contest of sentiment, to pronounce positively in its own favour.

2. As this variety of taste is obvious to the most careless enquirer, so will it be found, on examination, to be still greater in reality than in appearance. The sentiments of men often differ

* Cet essai parut en 1757 dans la collection des *Quatre dissertations* et fut agrégé aux *Essais moraux, politiques et littéraires*, à partir de l'édition de 1758.

## DE LA RÈGLE DU GOÛT

1. La grande variété de goût autant que d'opinion qui prévaut dans le monde est une chose trop manifeste pour avoir échappé à l'observation générale. Il ne faut pas de grandes lumières pour remarquer autour de soi, dans le cercle étroit de ses connaissances, des différences de goût, fût-ce entre des personnes qui ont été éduquées sous le même gouvernement et qui se sont tôt pénétrées des mêmes préjugés. Mais celui qui sait élargir sa vue jusqu'à embrasser les nations lointaines et les époques reculées, est plus surpris encore : ce n'est partout que diversité et contrariété. Nous sommes très prompts à appeler *barbare* tout ce qui s'éloigne de notre goût et de notre perception ; mais nous sommes vite payés en retour de la même épithète infamante. Et il n'est d'arrogance ou de suffisance qui ne s'alarme à la fin, trouvant de tous côtés une égale assurance, et qui n'hésite, dans une dispute si générale, à se déclarer toujours et avec la même fermeté en faveur de son propre sentiment.

2. Si cette variété de goût est déjà évidente aux yeux les moins avertis, un peu de réflexion montre qu'elle est encore plus grande en réalité qu'en apparence. Il n'est pas rare que les hommes diffèrent dans leurs sentiments

with regard to beauty and deformity of all kinds, even while their general discourse is the same. There are certain terms in every language, which import blame, and others praise; and all men who use the same tongue, must agree in their application of them. Every voice is united in applauding elegance, propriety, simplicity, spirit in writing; and in blaming fustian, affectation, coldness and a false brilliancy. But when critics come to particulars, this seeming unanimity vanishes; and it is found that they had affixed a very different meaning to their expressions. In all matters of opinion and science, the case it opposite: the difference among men is there oftener found to lie in generals than in particulars, and to be less in reality than in appearance. An explanation of the terms commonly ends the controversy; and the disputants are surprised to find that they had been quarrelling, while at bottom they agreed in their judgment.

3. Those who found morality on sentiment more than on reason, are inclined to comprehend ethics under the former observation, and to maintain that, in all questions, which regard conduct and manners, the difference among men is really greater than at first sight it appears. It is indeed obvious that writers of all nations and all ages concur in applauding justice, humanity, magnanimity, prudence, veracity; and in blaming the opposite qualities. Even poets and other authors, whose compositions are chiefly calculated to please the imagination, are yet found, from Homer down to Fenelon, to inculcate the same moral precepts, and to bestow their applause and blame on the same virtues and vices. This great unanimity is usually ascribed to

DE LA RÈGLE DU GOÛT 77

touchant le Beau et le Laid, alors même que le discours général qu'ils tiennent est identique. Il y a en chaque langue certains termes pour signifier le blâme et d'autres pour signifier l'éloge. Et tous les hommes qui emploient la même langue doivent s'accorder sur la manière de les appliquer. Toutes les voix s'unissent pour applaudir en matière de style l'élégance, la convenance, la simplicité, le bel esprit, et pour blâmer l'emphase, l'affectation, la froideur, le faux brillant. Mais lorsque nos critiques descendent dans le détail, cette belle unanimité disparaît et l'on découvre qu'ils avaient attaché à leurs expressions des sens très différents. Dans toutes les matières qui relèvent de l'opinion et de la science, il en va inversement : on trouve souvent que les différences entre les hommes résident plus dans le général que dans le particulier et sont moins grandes en réalité qu'en apparence. Une explication des termes achève ordinairement la controverse ; et les adversaires découvrent avec surprise qu'ils avaient été se querellant alors que sur le fond leurs jugements s'accordaient.

3. Ceux qui font reposer le fondement de la moralité dans le sentiment plutôt que dans la raison, placent volontiers l'éthique du premier côté : ils admettent que dans toutes les questions qui regardent la conduite et les mœurs, la différence entre les hommes est en réalité plus grande qu'il n'apparaît à première vue. Qui ne voit que les écrivains de toutes les nations et de toutes les époques s'accordent à applaudir la justice, l'humanité, la magnanimité, la prudence, l'esprit de vérité, et à blâmer les qualités opposées ? Même les poètes et les autres auteurs dont les compositions ont pour fin principale de plaire à l'imagination, ne font pas exception : de Homère à Fénelon, ils inculquent les mêmes principes moraux et décernent leurs louanges et leurs blâmes aux mêmes vertus et aux mêmes vices. Cette grande unanimité, on l'attribue habituellement à

the influence of plain reason; which, in all these cases, maintains similar sentiments in all men, and prevents those controversies to which the abstract sciences are so much exposed. So far as the unanimity is real, this account may be admitted as satisfactory; but we must also allow that some part of the seeming harmony in morals may be accounted for from the very nature of language. The word *virtue*, with its equivalent in every tongue, implies praise; as that of *vice* does blame. And no one, without the most obvious and grossest impropriety, could affix reproach to a term which in general acceptation is understood in a good sense; or bestow applause, where the idiom requires disapprobation. Homer's general precepts, where he delivers any such, will never be controverted; but it is obvious that, when he draws particular pictures of manners, and represents heroism in Achilles and prudence in Ulysses, he intermixes a much greater degree of ferocity in the former, and of cunning and fraud in the latter, than Fenelon would admit of. The sage Ulysses in the Greek poet seems to delight in lies and fictions, and often employs them without any necessity or even advantage. But his more scrupulous son, in the French epic writer, exposes himself to the most imminent perils, rather than depart from the most exact line of truth and veracity.

4. The admirers and followers of the Alcoran insist on the excellent moral precepts interspersed throughout that wild and absurd performance. But it is to be supposed that the

l'influence de la simple raison qui dicte dans tous ces cas des sentiments semblables chez tous les hommes et prévient les controverses auxquelles les sciences abstraites sont si fort exposées. Et, pour autant que cette unanimité soit réelle, nous pouvons nous satisfaire de cette explication. Mais nous devons aussi reconnaître qu'une part de l'apparente harmonie qui règne en morale peut s'expliquer par la nature même du langage. Le mot *vertu*, ou son équivalent en chaque langue, emporte l'éloge, comme le mot *vice* emporte le blâme; et personne, sans tomber dans la plus grossière et la plus manifeste impropriété de langage, ne saurait donner un ton de reproche à un terme que son acception générale fait prendre en bonne part, ni se répandre en louange quand l'usage de la langue requiert la désapprobation. Les préceptes généraux d'Homère, lorsqu'il en délivre de tels, ne seront jamais controversés; mais il est évident que, lorsqu'il peint des tableaux particuliers et qu'il représente dans Achille l'héroïsme et dans Ulysse la prudence, il introduit là beaucoup plus de férocité et ici beaucoup plus de ruse et de fourberie que Fénelon n'en admettrait. Le sage Ulysse semble, chez le poète grec, se complaire à multiplier ses mensonges et ses inventions, et cela souvent, sans nécessité ni même avantage. Mais il a, chez le poète épique français, un fils beaucoup plus scrupuleux, qui brave les périls les plus menaçants plutôt que de quitter la vérité la plus exacte et la plus réelle [1].

4. Les admirateurs et les adeptes du Coran insistent sur les excellents préceptes moraux qui sont dispersés partout dans cet ouvrage insensé et absurde. Mais il faut supposer que les

1. Hume fait allusion aux *Aventures de Télémaque* que Fénelon fit paraître en 1699.

Arabic words, which correspond to the English, equity, justice, temperance, meekness, charity, were such as, from the constant use of that tongue, must always be taken in a good sense; and it would have argued the greatest ignorance, not of morals, but of language, to have mentioned them with any epithets, besides those of applause and approbation. But would we know whether the pretended prophet had really attained a just sentiment of morals? Let us attend to his narration; and we shall soon find that he bestows praise on such instances of treachery, inhumanity, cruelty, revenge, bigotry, as are utterly incompatible with civilized society. No steady rule of right seems there to be attended to; and every action is blamed or praised, so far only as it is beneficial or hurtful to the true believers.

5. The merit of delivering true general precepts in ethics is indeed very small. Whoever recommends any moral virtues, really does no more than is implied in the terms themselves. That people, who invented the word *charity*, and use it in a good sense, inculcated more clearly and much more efficaciously, the precept, *be charitable*, than any pretended legislator or prophet, who should insert such a *maxim* in his writings. Of all expressions, those which, together with their other meaning, imply a degree either of blame or approbation, are the least liable to be perverted or mistaken.

6. It is natural for us to seek a *Standard of Taste*, a rule, by which the various sentiments of men may be reconciled; at least, a decision, afforded, confirming one sentiment, and condemning another.

7. There is a species of philosophy which cuts off all hopes of success in such an attempt, and represents the impossibility of ever attaining any standard of taste. The difference,

mots arabes, qui répondent aux mots français d'équité, de justice, de tempérance, d'humilité, de charité, sont ceux que l'usage constant de cette langue a toujours commandé de prendre en bonne part ; et c'eût été la preuve de la plus grande ignorance, non de la morale, mais de la langue, que de les avoir employés avec d'autres épithètes que ceux de l'éloge et de l'approbation. Mais voulons-nous savoir si le dit prophète s'est réellement élevé à un juste sentiment de la morale ? Suivons-le dans sa narration : il devient vite apparent qu'il donne ses louanges à des actes de trahison, d'inhumanité, de cruauté, de vengeance, de bigoterie, qui sont totalement incompatibles avec une société civilisée. Aucune règle ferme du Bien ne semble être ici observée ; et toute action est blâmée ou louée selon qu'elle profite ou nuit aux vrais croyants.

5. En vérité, c'est un mérite bien mince que de formuler des préceptes généraux dans le domaine éthique. À recommander les vertus morales, on ne fait que répondre à ce qu'exigent les termes eux-mêmes. Ceux qui inventèrent le mot *charité* et l'employèrent en bonne part, inculquèrent le précepte *sois charitable*, avec plus de clarté et surtout d'efficacité, que n'importe quel législateur ou prophète introduisant une telle *maxime* dans ses écrits. De toutes les expressions, celles qui ajoutent à leur sens propre quelque marque de blâme ou d'approbation, sont les moins sujettes à être altérées ou mal entendues.

6. Il est bien naturel de rechercher une *Règle du Goût*, une règle par laquelle il soit possible de réconcilier les divers sentiments des hommes ou, à défaut, de décider entre ces sentiments, confirmant l'un, condamnant l'autre.

7. Il y a une espèce de philosophie qui étouffe tout espoir de succès dans cette entreprise et qui fait valoir l'impossibilité où l'on est de jamais atteindre à une règle du goût. La différence,

it is said, is very wide between judgment and sentiment. All sentiment is right; because sentiment has a reference to nothing beyond itself, and is always real, wherever a man is conscious of it. But all determinations of the understanding are not right; because they have a reference to something beyond themselves, to wit, real matter of fact; and are not always conformable to that standard. Among a thousand different opinions which different men may entertain of the same subject, there is one, and but one, that is just and true; and the only difficulty is to fix and ascertain it. On the contrary, a thousand different sentiments, excited by the same object, are all right, because no sentiment represents what is really in the object. It only marks a certain conformity or relation between the object and the organs or faculties of the mind; and if that conformity did not really exist, the sentiment could never possibly have being. Beauty is no quality in things themselves: it exists merely in the mind which contemplates them; and each mind perceives a different beauty. One person may even perceive deformity, where another is sensible of beauty; and every individual ought to acquiesce in his own sentiment, without pretending to regulate those of others. To seek the real beauty, or real deformity, is as fruitless an enquiry, as to pretend to ascertain the real sweet or real bitter. According to the disposition of the organs, the same object may be both sweet and bitter; and the proverb has justly determined it to be fruitless to dispute concerning tastes. It is very natural, and even quite necessary to extend this axiom to mental as well as bodily taste; and thus common sense, which is so often at variance with philosophy, especially with the sceptical kind, is found, in one instance at least, to agree in pronouncing the same decision.

dit-elle, est immense entre le jugement et le sentiment. Tout sentiment est juste, parce que le sentiment ne se rapporte à rien qui le dépasse et qu'il est toujours réel, dès lors qu'on en a conscience. Mais toutes les déterminations de l'entendement ne sont pas justes, parce qu'elles se rapportent à quelque chose qui les dépasse, à savoir la réalité des faits, et qu'elles ne sont pas toujours conformes à ce modèle. De mille opinions différentes qui sont formées sur le même sujet par des hommes différents, il y en a une, et une seule, qui est juste et vraie ; la seule difficulté est de l'établir et de la rendre certaine. Au contraire, les mille sentiments différents que cause un même objet sont tous justes, puisque aucun ne représente ce qui est réellement dans l'objet. Chaque sentiment exprime seulement une certaine conformité, un certain rapport, entre l'objet d'une part, les organes et les facultés de l'esprit d'autre part ; et sans une telle conformité le sentiment ne pourrait jamais avoir de réalité. La beauté n'est pas une qualité qui est dans les choses elles-mêmes ; elle existe seulement dans l'esprit qui les contemple ; et tout esprit perçoit une beauté différente. L'un peut même percevoir de la laideur là où l'autre perçoit de la beauté ; et chacun doit se ranger à son propre sentiment, sans prétendre régler celui d'autrui. Vouloir chercher la beauté réelle, la laideur réelle, est une étude aussi vaine que de prétendre déterminer avec certitude ce que sont en réalité le doux et l'amer. Selon la disposition des organes, le même objet peut être doux et amer ; et le proverbe a justement fixé la vanité des disputes sur les goûts. Il est très naturel et même absolument nécessaire d'étendre cet axiome, du goût corporel au goût mental. Ainsi, pour cette fois du moins, le sens commun, qui s'éloigne si souvent de la philosophie, et de la philosophie sceptique en particulier, vient-il la rejoindre pour rendre le même verdict.

8. But though this axiom, by passing into a proverb, seems to have attained the sanction of common sense; there is certainly a species of common sense which opposes it, at least serves to modify and restrain it. Whoever would assert an equality of genius and elegance between Ogilby and Milton, or Bunyan and Addison, would be thought to defend no less an extravagance than if he had maintained a mole-hill to be as high asTeneriffe, or a pond as extensive as the ocean. Though there may be found persons who give the preference to the former authors, no one pays attention to such a taste; and we pronounce without scruple the sentiment of these pretended critics to be absurd and ridiculous. The principle of the natural equality of tastes is then totally forgot and, while we admit it on some occasions where the objects seem near an equality, it appears an extravagant paradox, or rather a palpable absurdity, where objects so disproportioned are compared together.

9. It is evident that none of the rules of composition are fixed by reasonings *a priori* or can be esteemed abstract conclusions of the understanding, from comparing those habitudes and relations of ideas, which are eternal and immutable. Their foundation is the same with that of all the practical sciences, expe-

8. Mais, bien que cet axiome ait passé en proverbe et qu'il semble s'être acquis la sanction du sens commun, il y a certainement une espèce de sens commun qui lui est contraire, ou qui du moins pousse à le modifier et à le restreindre. Affirmer qu'il y a autant de génie et d'élégance dans Ogilby[1] et dans Milton[2], dans Bunyan[3] et dans Addison[4], ce serait, de l'avis général, défendre une extravagance, comme si l'on voulait prétendre qu'une taupinière est aussi haute que le Ténériffe ou une mare aussi vaste que l'océan. Certes, il peut se trouver des gens qui donnent la préférence aux premiers de ces auteurs ; mais nul ne prête attention à cette sorte de goût, et nous déclarons sans ambages que le sentiment de ces pseudo-critiques est absurde et ridicule. Le principe de l'égalité naturelle des goûts est alors totalement oublié ; nous l'admettons en quelques occasions, quand les objets eux-mêmes paraissent presque à égalité, mais c'est un paradoxe extravagant, que dis-je : une absurdité manifeste, quand des objets si disproportionnés sont comparés ensemble.

9. Il est évident qu'aucune des règles que l'on observe dans la composition n'est établie par des raisonnements *a priori* ni ne peut être prise pour une conclusion abstraite que l'entendement tirerait de la comparaison des relations d'idées et de ces habitudes qui sont éternelles et immuables. Leur fondement est le même que celui de toutes les sciences pratiques : l'expé-

1. John Ogilby (1600-1676), auteur de traductions versifiées d'Homère et de Virgile, ainsi que des *Fables* d'Esope.

2. Milton, auteur du grand poème épique, *Le paradis perdu* (1667).

3. John Bunyan (1628-1688), auteur d'ouvrages à caractère dévot.

4. Joseph Addison, homme d'État, écrivain et poète (1672-1719) est connu pour avoir fondé et animé à partir de 1709 et avec Richard Steele les célèbres livraisons du *Spectateur*.

rience; nor are they any thing but general observations,
concerning what has been universally found to please in all
countries and in all ages. Many of the beauties of poetry and
even of eloquence are founded on falsehood and fiction,
on hyperboles, metaphors, and an abuse or perversion of
terms from their natural meaning. To check the sallies of the
imagination, and to reduce every expression to geometrical
truth and exactness, would be the most contrary to the laws
of criticism; because it would produce a work which, by
universal experience, has been found the most insipid and
disagreeable. But though poetry can never submit to exact
truth, it must be confined by rules of art, discovered to the
author either by genius or observation. If some negligent
or irregular writers have pleased, they have not pleased by
their transgressions of rule or order, but in spite of these
transgressions. They have possessed other beauties, which
were conformable to just criticism; and the force of these
beauties has been able to overpower censure and give the
mind a satisfaction superior to the disgust arising from the
blemishes. Ariosto pleases; but not by his monstrous and
improbable fictions, by his bizarre mixture of the serious
and comic styles, by the want of coherence in his stories, or
by the continual interruptions of his narration. He charms by
the force and clearness of his expression, by the readiness
and variety of his inventions, and by his natural pictures of
the passions, especially those of the gay and amorous kind;
and however his faults may diminish our satisfaction, they
are not able entirely to destroy it. Did our pleasure really
arise from those parts of his poem which we denominate faults,
this would be no objection to criticism in general: it would
only be an objection to those particular rules of criticism,
which would establish such circumstances to be faults, and

rience ; elles ne sont rien d'autre que des observations générales sur ce qu'on a vu plaire universellement en tout lieu et en
tout temps. Maintes beautés de la poésie, et même de l'éloquence, empruntent à la fausseté et à la fiction, aux hyperboles
et aux métaphores, à l'abus des termes qu'on détourne de leur
signification naturelle. Vouloir brider les élans de l'imagination et réduire chaque expression à une vérité et une exactitude
géométrique, serait tout à fait contraire aux lois de la critique ;
car une expérience universelle nous instruit du résultat :
l'œuvre la plus fade et la plus fâcheuse qui soit. Mais bien que
la poésie ne puisse jamais s'assujettir à la vérité exacte, elle
doit pourtant être contenue par les règles de l'art que le génie et
l'observation découvrent à l'auteur. Si des écrivains négligents
ou irréguliers ont pu plaire, ce n'est pas parce qu'ils transgres-
sèrent la règle ou l'ordre, mais bien en dépit de ces transgressions : ils possédaient d'autres beautés, plus conformes à la
juste critique ; beautés qui furent assez relevées pour triompher
de la censure et donner à l'esprit plus de satisfaction qu'il
n'avait de dégoût pour les défauts de l'œuvre. L'Arioste plaît,
non pas par ses fictions monstrueuses et invraisemblables,
par son mélange bizarre des styles sérieux et comique, par le
décousu de ses histoires ou par les perpétuelles interruptions
qu'il introduit dans sa narration. Il charme par la force et la
clarté de son expression, par la vivacité et la variété de ses
inventions et par la peinture naturelle qu'il fait des passions,
surtout celles de l'espèce enjouée et amoureuse. Et bien que
ses fautes puissent diminuer notre satisfaction, elles ne réus-
sissent pas à la détruire entièrement. Si notre plaisir naissait
vraiment des parties de son poème que nous estimons défec-
tueuses, ce ne serait pas une objection à la critique en général :
ce serait seulement une objection à ces règles particulières de
la critique qui tournent en fautes de telles circonstances et

would represent them as universally blameable. If they are found to please, they cannot be faults, let the pleasure, which they produce, be ever so unexpected and unaccountable.

10. But though all the general rules of art are founded only on experience and on the observation of the common sentiments of human nature, we must not imagine that, on every occasion, the feelings of men will be conformable to these rules. Those finer emotions of the mind are of a very tender and delicate nature, and require the concurrence of many favourable circumstances to make them play with facility and exactness, according to their general and established principles. The least exterior hindrance to such small springs, or the least internal disorder, disturbs their motion and confounds the operation of the whole machine. When we would make an experiment of this nature, and would try the force of any beauty or deformity, we must choose with care a proper time and place, and bring the fancy to a suitable situation and disposition. A perfect serenity of mind, a recollection of thought, a due attention to the object: if any of these circumstances be wanting, our experiment will be fallacious, and we shall be unable to judge of the catholic and universal beauty. The relation which nature has placed between the form and the sentiment will at least be more obscure; and it will require greater accuracy to trace and discern it. We shall be able to ascertain its influence not so much from the operation of each particular beauty, as from the durable admiration which attends those works that have survived all the caprices of mode and fashion, all the mistakes of ignorance and envy.

qui les représentent comme méritant d'être universellement
blâmées. S'il se trouve que ces endroits plaisent, ils ne peuvent
être fautifs, quelque inattendu et inexplicable que soit le plaisir
qu'ils produisent.

10. Mais bien que toutes les règles générales de l'art soient
fondées seulement sur l'expérience et sur l'observation des
sentiments communs de la nature humaine, nous ne devons pas
imaginer qu'en toute occasion ce que sentent les hommes se
conforme à ces règles. Ces émotions subtiles de l'esprit sont
d'une nature très tendre et délicate, et elles exigent le concours
d'un grand nombre de circonstances favorables qui les fassent
jouer avec facilité et exactitude selon les principes généraux et
établis qui les gouvernent. Le moindre obstacle au dehors,
affectant des ressorts aussi petits, le moindre désordre au
dedans dérange leur mouvement et dérègle les opérations de
toute la machine. Si nous voulions faire une expérience de ce
genre, si nous voulions, dis-je, faire l'épreuve dans un cas particulier du pouvoir du Beau ou du Laid, il nous faudrait choisir
avec soin le moment et le lieu propice et porter l'imagination à
l'état et à la disposition qui conviennent. Une parfaite sérénité
d'esprit, un recueillement de la pensée, une juste attention
prêtée à l'objet : si l'une de ces circonstances manque, l'expérience sera trompeuse ; et nous ne serons pas capables de juger
de la beauté dans toute son universalité. Du moins, la relation
que la nature a établie entre la forme et le sentiment sera-t-elle
plus obscure ; la retrouver et la discerner demandera un effort
de précision. Notre aptitude à nous assurer de son influence
viendra moins de l'opération de chacune des beautés particulières que de l'admiration durable qui accompagne les
œuvres capables de survivre à tous les caprices de la mode,
à tous les effets de la vogue et à toutes les erreurs dues à
l'ignorance et à l'envie.

11. The same Homer, who pleased at Athens and Rome
two thousand years ago, is still admired at Paris and at
London. All the changes of climate, government, religion, and
language, have not been able to obscure his glory. Authority or
prejudice may give a temporary vogue to a bad poet or orator,
but his reputation will never be durable or general. When his
compositions are examined by posterity or by foreigners, the
enchantment is dissipated, and his faults appear in their true
colours. On the contrary, a real genius, the longer his works
endure, and the more wide they are spread, the more sincere is
the admiration which he meets with. Envy and jealousy have
too much place in a narrow circle; and even familiar acquaintance with his person may diminish the applause due to his
performances. But when these obstructions are removed, the
beauties, which are naturally fitted to excite agreeable sentiments, immediately display their energy; and while the world
endures, they maintain their authority over the minds of men.

12. It appears then, that, amidst all the variety and caprice
of taste, there are certain general principles of approbation
or blame, whose influence a careful eye may trace in all
operations of the mind. Some particular forms or qualities,
from the original structure of the internal fabric, are calculated
to please, and others to displease; and if they fail of their effect
in any particular instance, it is from some apparent defect or
imperfection in the organ. A man in a fever would not insist on
his palate as able to decide concerning flavours; nor would
one, affected with the jaundice, pretend to give a verdict with
regard to colours. In each creature, there is a sound and a
defective state; and the former alone can be supposed to afford
us a true standard of taste and sentiment. If, in the sound state
of the organ, there be an entire or considerable uniformity of

11. Le même Homère qui plaisait à Athènes et à Rome il y a deux mille ans, est encore admiré à Paris et à Londres. Tous les changements de climat, de gouvernement, de religion, de langue, n'ont pu obscurcir sa gloire. L'autorité et le préjugé peuvent mettre en vogue pour un temps un mauvais poète ou un mauvais orateur : sa réputation ne sera pourtant jamais durable ou générale. Dès que ses compositions subissent l'examen de la postérité ou de l'étranger, l'enchantement se dissipe et ses défauts paraissent sous leur vrai jour. C'est tout le contraire pour un véritable génie : plus ses œuvres se conservent, plus largement elles se répandent, et plus sincère est l'admiration qu'il rencontre. L'envie et la jalousie dominent trop dans un cercle étroit ; la familiarité même que nous avons avec sa personne peut diminuer l'estime que nous devons à ses ouvrages. Mais ôtez ces obstacles, et les beautés qui sont naturellement propres à causer des sentiments agréables, font immédiatement sentir leur pouvoir. Et, tant que le monde durera, elles conserveront leur autorité sur l'esprit des hommes.

12. Il apparaît donc que, dans toute cette variété capricieuse du goût, il y a certains principes généraux d'approbation et de blâme dont un œil attentif peut suivre l'influence dans toutes les opérations de l'esprit. Certaines formes ou qualités particulières, de par la structure primitive de notre constitution interne, sont faites pour plaire et d'autres pour déplaire ; et s'il arrive qu'elles manquent leur effet, cela vient d'un défaut ou d'une imperfection manifeste dans l'organe. Un homme qui a la fièvre ne protesterait pas de l'aptitude de son palais à décider des saveurs ; et celui qui a la jaunisse ne s'arrogerait pas de juger des couleurs. Pour toutes les créatures, il y a un état sain et un état de déficience ; et seul le premier est réputé capable de nous fournir une véritable règle de goût et de sentiment. Si l'organe est sain et si une totale ou une large uniformité de

sentiment among men, we may thence derive an idea of the
perfect beauty; in like manner as the appearance of objects in
daylight, to the eye of a man in health, is denominated their
true and real colour, even while colour is allowed to be merely
a phantasm of the senses.

13. Many and frequent are the defects in the internal organs,
which prevent or weaken the influence of those general principles, on which depends our sentiment of beauty or deformity. Though some objects, by the structure of the mind, be
naturally calculated to give pleasure, it is not to be expected
that in every individual the pleasure will be equally felt.
Particular incidents and situations occur, which either throw a
false light on the objects, or hinder the true from conveying to
the imagination the proper sentiment and perception.

14. One obvious cause why many feel not the proper
sentiment of beauty, is the want of that delicacy of imagination, which is requisite to convey a sensibility of those finer
emotions. This delicacy every one pretends to; every one talks
of it and would reduce every kind of taste or sentiment to its
standard. But as our intention in this essay is to mingle some
light of the understanding with the feelings of sentiment, it will
be proper to give a more accurate definition of delicacy than
has hitherto been attempted. And not to draw our philosophy
from too profound a source, we shall have recourse to a noted
story in Don Quixote.

sentiment prévaut parmi les hommes, c'est alors que nous pouvons acquérir une idée de la beauté parfaite ; de même que la couleur sous laquelle les objets se donnent en plein jour, à l'œil d'un homme en bonne santé, est dite être la vraie couleur, la couleur réelle de ces objets, même si l'on reconnaît par ailleurs qu'elle n'est qu'un phantasme des sens.

13. Les organes internes sont sujets à de nombreux défauts qui détournent souvent ou du moins affaiblissent l'influence de ces principes généraux dont dépend notre sentiment de la beauté et de la laideur. Bien qu'il y ait certains objets qui par la structure de l'esprit soient naturellement faits pour donner du plaisir, ce n'est pas à dire que ce plaisir soit senti également par chacun. Il se produit des événements ou des situations particulières qui tantôt jettent sur les objets une fausse lumière, tantôt empêchent la vraie lumière de communiquer à l'imagination le sentiment et la perception qui conviennent.

14. Une cause évidente pourquoi bien des personnes n'éprouvent pas un juste sentiment de la beauté, c'est l'absence de cette délicatesse qui seule peut rendre l'imagination sensible à des émotions si subtiles. Cette délicatesse, chacun y prétend, chacun en parle, chacun est prêt à en faire la règle de toute espèce de goût ou de sentiment. Mais comme notre intention dans cet essai est de mêler les lumières de l'entendement à ce qui s'éprouve par sentiment, il ne sera pas inutile de proposer une définition plus précise de la délicatesse qu'on n'en a donné jusqu'ici. Et pour ne point prendre notre philosophie à une source trop profonde, nous aurons recours à une histoire célèbre tirée de Don Quichotte [1].

---

1. Cervantès, *Don Quichotte*, 2ᵉ partie, chap. 13.

15. It is with good reason, says Sancho to the squire with the great nose, that I pretend to have a judgment in wine: this is a quality hereditary in our family. Two of my kinsmen were once called to give their opinion of a hogshead, which was supposed to be excellent, being old and of a good vintage. One of them tastes it; considers it; and after mature reflection pronounces the wine to be good, were it not for a small taste of leather, which he perceived in it. The other, after using the same precautions, gives also his verdict in favour of the wine; but with the reserve of a taste of iron, which he could easily distinguish. You cannot imagine how much they were both ridiculed for their judgment. But who laughed in the end? On emptying the hogshead, there was found at the bottom an old key with a leathern thong tied to it.

16. The great resemblance between mental and bodily taste will easily teach us to apply this story. Though it be certain, that beauty and deformity, more than sweet and bitter, are not qualities in objects, but belong entirely to the sentiment, internal or external, it must be allowed, that there are certain qualities in objects, which are fitted by nature to produce those particular feelings. Now as these qualities may be found in a small degree, or may be mixed and confounded with each other, it often happens that the taste is not affected with such minute qualities, or is not able to distinguish all the particular flavours, amidst the disorder in which they are presented. Where the organs are so fine as to allow nothing to escape them and at the same time so exact as to perceive every ingredient in the composition, this we call delicacy of taste, whether we employ these terms in the literal or metaphorical sense. Here then the general rules of beauty are of use, being

15. Ce n'est pas à tort, dit Sancho au chevalier au grand nez, que je prétends avoir du jugement en matière de vin; c'est une qualité héréditaire dans notre famille. Deux parents à moi furent une fois appelés à donner leur opinion au sujet d'un fût de vin, qu'on supposait excellent en raison de son âge et de la qualité de son cru. Le premier le goûte, le considère et après mûre réflexion déclare que le vin est bon, mais avec un petit goût de cuir qu'il y perçoit. Le second, après avoir pris les mêmes précautions, rend aussi un verdict favorable, mais faisant la réserve d'un certain goût de fer qu'il pouvait aisément distinguer. Vous n'imaginez pas comme ils furent moqués pour leur jugement. Mais quels furent à la fin les rieurs? En vidant le fût, on découvrit au fond une vieille clé attachée à une lanière de cuir.

16. La grande ressemblance qu'il y a entre le goût mental et le goût corporel nous instruira sans peine de la manière d'appliquer cette histoire. Bien qu'il soit certain que le Beau et le Laid ne soient pas davantage que le doux et l'amer des qualités dans les objets, mais qu'ils appartiennent entièrement au sentiment, interne ou externe, il faut reconnaître qu'il y a certaines qualités dans les objets qui sont naturellement propres à produire ces impressions particulières. Or, comme ces qualités peuvent s'y rencontrer à un faible degré ou se trouver mêlées et confondues ensemble, souvent il arrive que le goût ne soit pas touché par tant de subtilité et qu'il soit incapable de distinguer, dans le désordre où elles se donnent, toutes les nuances particulières. Mais que les organes soient assez fins pour ne rien laisser échapper, qu'ils soient de même assez exacts pour distinguer chaque ingrédient qui entre dans la composition, alors nous parlons de délicatesse de goût, au sens littéral ou au sens métaphorique du mot. Et c'est ici que les règles générales du Beau ont de l'utilité, puisqu'elles sont

drawn from established models, and from the observation of what pleases or displeases, when presented singly and in a high degree; and if the same qualities, in a continued composition and in a smaller degree, affect not the organs with a sensible delight or uneasiness, we exclude the person from all pretensions to this delicacy. To produce these general rules or avowed patterns of composition is like finding the key with the leathern thong, which justified the verdict of Sancho's kinsmen, and confounded those pretended judges who had condemned them. Though the hogshead had never been emptied, the taste of the one was still equally delicate, and that of the other equally dull and languid; but it would have been more difficult to have proved the superiority of the former, to the conviction of every bystander. In like manner, though the beauties of writing had never been methodized, or reduced to general principles; though no excellent models had ever been acknowledged; the different degrees of taste would still have subsisted, and the judgment of one man had been preferable to that of another; but it would not have been so easy to silence the bad critic, who might always insist upon his particular sentiment, and refuse to submit to his antagonist. But when we show him an avowed principle of art; when we illustrate this principle by examples, whose operation, from his own particular taste, he acknowledges to be conformable to the principle; when we prove, that the same principle may be applied to the present case, where he did not perceive or feel its influence: he must conclude, upon the whole, that the fault lies in himself, and that he wants the delicacy, which is requisite to make him sensible of every beauty and every blemish, in any composition or discourse.

fondées sur des modèles établis et nourries de l'observation des qualités qui plaisent ou déplaisent, lorsqu'on les considère à part ou à un haut degré. Si ces mêmes qualités, quand elles se présentent dans une composition continue et à un moindre degré, ne procure pas de plaisir sensible ou au contraire de déplaisir aux organes, nous refusons qu'on prétende à une telle délicatesse. Produire ces règles générales ou ces modèles reconnus de composition, c'est comme trouver la clé et la lanière de cuir qui justifièrent le jugement des parents de Sancho et tournèrent en confusion les prétendus juges qui les avaient condamnés. Que si le fût n'eût jamais été vidé, le goût des uns serait resté tout aussi délicat, et celui des autres également grossier et incertain ; mais il aurait été plus difficile de prouver la supériorité des premiers et d'en convaincre l'assistance. Il en va de même des beautés de l'écriture : quand le style n'aurait jamais été mis en règle ni ramené à des principes généraux, quand aucun modèle d'excellence n'aurait été reconnu, cela n'aurait pas empêché qu'il y eût différents degrés du goût et qu'il fallût préférer un jugement à un autre ; mais il n'aurait pas été aussi facile de réduire au silence le mauvais critique, lequel pourrait toujours mettre en avant son sentiment particulier et refuser de se soumettre au jugement adverse. Mais si nous lui présentons un principe d'art reconnu, si nous illustrons ce principe par des exemples dont il avoue en suivant son propre goût que l'opération se conforme au principe énoncé, si nous lui prouvons que ce même principe peut s'appliquer au cas présent, où il ne percevait ni ne sentait son influence, alors, de tout cela, il devra conclure que c'est lui qui est en faute et qu'il n'a pas cette délicatesse qui le rendrait sensible à tout ce qui est beau ou laid en matière de composition et de discours.

17. It is acknowledged to be the perfection of every sense or faculty, to perceive with exactness its most minute objects, and allow nothing to escape its notice and observation. The smaller the objects are, which become sensible to the eye, the finer is that organ, and the more elaborate its make and composition. A good palate is not tried by strong flavours; but by a mixture of small ingredients, where we are still sensible of each part, notwithstanding its minuteness and its confusion with the rest. In like manner, a quick and acute perception of beauty and deformity must be the perfection of our mental taste; nor can a man be satisfied with himself while he suspects that any excellence or blemish in a discourse has passed him unobserved. In this case, the perfection of the man, and the perfection of the sense or feeling, are found to be united. A very delicate palate, on many occasions, may be a great inconvenience both to a man himself and to his friends. But a delicate taste of wit or beauty must always be a desirable quality, because it is the source of all the finest and most innocent enjoyments of which human nature is susceptible. In this decision the sentiments of all mankind are agreed. Wherever you can ascertain a delicacy of taste, it is sure to meet with approbation; and the best way of ascertaining it is to appeal to those models and principles which have been established by the uniform consent and experience of nations and ages.

18. But though there be naturally a wide difference in point of delicacy between one person and another, nothing tends further to increase and improve this talent, than practice in a particular art, and the frequent survey or contemplation of a particular species of beauty. When objects of any kind are first presented to the eye or

17. Nul ne conteste que les sens et les facultés humaines ont leur perfection dans la perception exacte qu'ils prennent de leurs objets les plus fins, quand rien n'échappe à leur vigilant examen. Prenez l'œil : plus petits sont les objets auquel il est sensible, plus fin est l'organe et plus sa constitution et son agencement sont élaborés. L'excellence d'un palais ne se mesure pas par de fortes saveurs, mais quand, dans un mélange d'ingrédients en petites proportions, il peut encore saisir chacune des parties, malgré sa petitesse et son amalgame avec les autres. De la même façon, c'est dans une perception vive et aiguë de la beauté et de la laideur que doit consister la perfection de notre goût mental. Et un homme de goût ne peut être satisfait de lui-même, tant qu'il soupçonne qu'un discours contient encore quelque excellence ou défaut qui lui a échappé. C'est alors que la perfection de l'homme et la perfection du sens ne font qu'un. Un palais très délicat peut souvent faire notre supplice ou celui de nos amis. Mais un goût délicat en matière de beauté et d'esprit sera une qualité toujours désirable, parce qu'elle procure les jouissances les plus pures et les plus innocentes dont la nature humaine soit capable. Sur cela, les sentiments de tous les hommes s'accordent. Partout où la délicatesse du goût s'atteste, elle est sûre d'emporter tous les suffrages ; et le meilleur moyen de l'attester est de se référer aux modèles et aux principes qui ont été consacrés par le consentement et l'expérience uniforme de toutes les nations et de toutes les époques.

18. Mais bien que pour la délicatesse la nature ait marqué de grandes différences entre les personnes, je ne sais rien qui augmente et améliore davantage ce talent que la pratique d'un art particulier et l'examen répété ou la contemplation assidue d'une espèce particulière de beauté. Quand des objets, de quelque espèce, s'offrent pour la première fois à l'œil ou à

imagination, the sentiment which attends them is obscure and confused; and the mind is, in a great measure, incapable of pronouncing concerning their merits or defects. The taste cannot perceive the several excellences of the performance, much less distinguish the particular character of each excellency, and ascertain its quality and degree. If it pronounce the whole in general to be beautiful or deformed, it is the utmost that can be expected; and even this judgment, a person, so unpractised, will be apt to deliver with great hesitation and reserve. But allow him to acquire experience in those objects, his feeling becomes more exact and nice: he not only perceives the beauties and defects of each part, but marks the distinguishing species of each quality, and assigns it suitable praise or blame. A clear and distinct sentiment attends him through the whole survey of the objects; and he discerns that very degree and kind of approbation or displeasure, which each part is naturally fitted to produce. The mist dissipates, which seemed formerly to hang over the object; the organ acquires greater perfection in its operations and can pronounce, without danger of mistake, concerning the merits of every performance. In a word, the same address and dexterity which practice gives to the execution of any work, is also acquired by the same means in the judging of it.

19. So advantageous is practice to the discernment of beauty, that, before we can give judgment of any work of importance, it will even be requisite, that that very individual performance be more than once perused by us, and be surveyed in different lights with attention and deliberation. There is a flutter or hurry of thought which attends the first perusal of any piece, and which confounds the genuine sentiment of beauty. The relation of the parts is not discerned, the true characters of style are little distinguished, the several perfections and

l'imagination, ils n'excitent d'abord qu'un sentiment obscur et confus; et l'esprit n'est guère capable de se prononcer sur leurs mérites et leurs défauts. Le goût est impuissant à discerner les différentes perfections de l'ouvrage; encore moins distingue-t-il ce qui caractérise chacune de ces perfections et ce qui en fait la qualité et le degré. S'il prononce que le tout, pris d'une manière générale, est beau ou laid, c'est le plus qu'il puisse faire; et même ce jugement, il ne le rendra qu'avec beaucoup d'hésitation et de retenue, par manque de pratique. Mais laissez-lui le temps d'acquérir de l'expérience en ces objets; alors son sentiment gagne en finesse et en exactitude : non seulement il perçoit les beautés et les défauts de chaque partie, mais il relève les formes distinctives de chaque qualité et lui accorde l'éloge ou le blâme qu'elle mérite. Un sentiment clair et distinct ne cesse de l'assister, tandis qu'il envisage l'objet; et il discerne jusqu'au genre et au degré d'approbation ou de déplaisir que chaque partie est naturellement propre à produire. Le brouillard se dissipe, qui semblait d'abord entourer l'objet; l'organe gagne en perfection dans ses opérations et peut décider des mérites de chaque ouvrage, sans risque de se tromper. En un mot, cette adresse et cette dextérité que la pratique donne à l'exécution d'une œuvre, elles s'acquièrent de la même façon quand il faut en juger.

19. La pratique offre tant de secours dans le discernement de la beauté, qu'on ne saurait juger d'une œuvre de quelque importance, sans parcourir plus d'une fois cette production en particulier ni sans l'envisager sous différents jours, avec attention et réflexion. La première approche s'accompagne d'une agitation et d'une hâte de la pensée qui troublent le pur sentiment du Beau. Le rapport entre les parties n'est pas saisi; les vrais caractères du style ne sont guère relevés. Perfections et

defects seem wrapped up in a species of confusion, and present themselves indistinctly to the imagination. Not to mention that there is a species of beauty which, as it is florid and superficial, pleases at first; but being found incompatible with a just expression either of reason or passion, soon palls upon the taste, and is then rejected with disdain, at least rated at a much lower value.

20. It is impossible to continue in the practice of contemplating any order of beauty, without being frequently obliged to form comparisons between the several species and degrees of excellence, and estimating their proportion to each other. A man, who has had no opportunity of comparing the different kinds of beauty, is indeed totally unqualified to pronounce an opinion with regard to any object presented to him. By comparison alone we fix the epithets of praise or blame, and learn how to assign the due degree of each. The coarsest daubing contains a certain lustre of colours and exactness of imitation, which are so far beauties, and would affect the mind of a peasant or Indian with the highest admiration. The most vulgar ballads are not entirely destitute of harmony or nature; and none but a person, familiarized to superior beauties, would pronounce their numbers harsh, or narration uninteresting. A great inferiority of beauty gives pain to a person conversant in the highest excellence of the kind, and is for that reason pronounced a deformity; as the most finished object with which we are acquainted, is naturally supposed to have reached the pinnacle of perfection, and to be entitled to the highest applause. One accustomed to see, and examine, and weigh the several performances, admired in different ages and nations, can alone rate the merits of a work exhibited to his view, and assign its proper rank among the productions of genius.

défauts, comme enveloppés dans une espèce de confusion, se présentent à l'imagination de manière indistincte. Ajoutons qu'il y a des beautés superficielles qui plaisent immédiatement par leurs ornements, mais qui, s'avérant contraire à la juste expression de la raison ou des passions, s'affadissent bientôt et sont alors ravalées à un rang très inférieur, peut-être même rejetées avec dédain.

20. On ne saurait s'exercer longtemps dans la contemplation d'un certain genre de beauté, sans être obligé souvent de comparer entre les diverses espèces et les différents degrés de perfection, ni sans apprécier leur part relative. En vérité, celui qui n'a pas d'occasion de faire cette comparaison des différentes sortes de beauté, n'a aucune qualité pour déclarer son opinion sur l'objet qu'on lui présente. Ce n'est que par comparaison que nous arrêtons notre louange et notre blâme et que nous apprenons à donner à nos épithètes le degré qu'il convient. Le barbouillage le plus grossier ne manque pas d'un certain éclat dans les couleurs ni d'une certaine justesse d'imitation : voilà des beautés qui raviront d'admiration l'esprit d'un paysan ou d'un indien. Les ballades les plus communes ne sont pas entièrement privées d'harmonie ou de naturel ; et il n'y a que les personnes accoutumées à des beautés supérieures qui dénonceront la rudesse de leur cadence et la pauvreté de leur narration. Une beauté de rang inférieur ne satisfait pas le connaisseur qui dans le même genre s'est accoutumé aux beautés les plus élevées ; et il la dira pour cela laide. Car l'objet le plus accompli que nous connaissions nous semble très naturellement avoir atteint le sommet de la perfection et s'être rendu digne de tous les suffrages. Pour être en état de juger des mérites d'une œuvre et de lui fixer son rang parmi les fruits du génie, il faut s'être accoutumé à contempler, à examiner, à apprécier les diverses productions qui ont été admirées de tous les âges et de toutes les nations.

21. But to enable a critic the more fully to execute this undertaking, he must preserve his mind free from all prejudice, and allow nothing to enter into his consideration, but the very object which is submitted to his examination. We may observe that every work of art, in order to produce its due effect on the mind, must be surveyed in a certain point of view, and not be fully relished by persons whose situation, real or imaginary, is not conformable to that which is required by the performance. An orator addresses himself to a particular audience, and must have a regard to their particular genius, interests, opinions, passions, and prejudices; otherwise he hopes in vain to govern their resolutions, and inflame their affections. Should they even have entertained some prepossessions against him, however unreasonable, he must not overlook this disadvantage; but, before he enters upon the subject, must endeavour to conciliate their affection, and acquire their good graces. A critic of a different age or nation, who should peruse this discourse, must have all these circumstances in his eye, and must place himself in the same situation as the audience, in order to form a true judgment of the oration. In like manner, when any work is addressed to the public, though I should have a friendship or enmity with the author, I must depart from this situation, and considering myself as a man in general, forget, if possible, my individual being and my peculiar circumstances. A person influenced by prejudice, complies not with this condition, but obstinately maintains his natural position, without placing himself in that point of view which the performance supposes. If the work be addressed to persons of a different age or nation, he makes no allowance for their peculiar views and prejudices; but, full of the manners of his own age and country, rashly condemns what seemed admirable in the eyes of those for whom alone the discourse

21. Mais pour réussir d'autant mieux dans cette entreprise, le critique doit avoir l'esprit libre de tout préjugé, et ne rien prendre en considération que l'objet même qui est soumis à son examen. On peut observer que l'œuvre d'art, pour produire un juste effet sur l'esprit, doit s'envisager d'un certain point de vue et qu'elle ne sera pas pleinement goûtée par ceux dont la situation, réelle ou imaginaire, n'est pas conforme à ce qu'elle exige. Un orateur s'adresse à un auditoire particulier : s'il néglige de prendre en considération le génie, les intérêts, les opinions, les passions et les préjugés qui sont ceux de ses auditeurs, en vain espère-t-il gouverner leurs volontés et enflammer leurs passions. Peut-être ont-ils déjà contre lui des préventions ; que ce soit à tort ou à raison, il ne doit pas négliger ce désavantage, mais tenter, avant d'entrer dans son sujet, de se concilier leur faveur et de se gagner leurs bonnes grâces. Quant au critique d'une autre époque ou d'une nation différente, qui vient à lire ce discours, il doit avoir sous les yeux toutes ces circonstances et se remettre dans la même situation que l'auditoire, s'il veut se former un jugement vrai de l'œuvre. De la même façon, quand une œuvre est portée au public, je ne dois pas être retenu par le sentiment d'amitié ou d'hostilité que, peut-être, j'éprouve pour l'auteur : me considérant comme un homme en général, il faut que j'oublie autant qu'il est possible ma propre personne et les circonstances qui me sont particulières. Mais celui que le préjugé gouverne ne se plie pas à cette condition ; il s'accroche avec obstination à sa position naturelle, sans prendre le point de vue qui est requis par l'œuvre. Si cette œuvre était destinée à des gens d'un autre temps ou d'une autre nation, il ne tient aucun compte de la différence des points de vue ni des préjugés, mais imbu des usages de son époque et de son pays il condamne d'un ton péremptoire ce qui faisait l'admiration de ceux pour qui précisément le discours

was calculated. If the work be executed for the public, he never sufficiently enlarges his comprehension, or forgets his interest as a friend or enemy, as a rival or commentator. By this means, his sentiments are perverted; nor have the same beauties and blemishes the same influence upon him, as if he had imposed a proper violence on his imagination, and had forgotten himself for a moment. So far his taste evidently departs from the true standard; and of consequence loses all credit and authority.

22. It is well known, that in all questions, submitted to the understanding, prejudice is destructive of sound judgment, and perverts all operations of the intellectual faculties; it is no less contrary to good taste; nor has it less influence to corrupt our sentiment of beauty. It belongs to good sense to check its influence in both cases; and in this respect, as well as in many others, reason, if not an essential part of taste, is at least requisite to the operations of this latter faculty. In all the nobler productions of genius, there is a mutual relation and correspondence of parts; nor can either the beauties or blemishes be perceived by him whose thought is not capacious enough to comprehend all those parts, and compare them with each other, in order to perceive the consistence and uniformity of the whole. Every work of art has also a certain end or purpose, for which it is calculated, and is to be deemed more or less perfect, as it is more or less fitted to attain this end. The object of eloquence is to persuade, of history to instruct, of poetry to please by means of the passions and the imagination. These ends we must carry constantly in our view, when we peruse any performance; and we must be able to judge how far the means employed are adapted to their respective purposes. Besides, every kind of composition, even the most poetical, is nothing but a chain of propositions and

avait été composé. Si l'œuvre est donnée au public, il n'élargit jamais assez son esprit : il est l'ami ou l'ennemi, le rival ou le commentateur; toujours il laisse percer ses intérêts. De ce fait, ses sentiments sont pervertis; et les mêmes beautés ou les mêmes défauts n'ont pas sur lui la même influence que s'il avait su faire violence à son imagination et s'oublier un moment. Assurément, son goût s'écarte d'autant de la vraie règle, jusqu'à perdre tout crédit et toute autorité.

22. Il est bien connu que dans toutes les questions qui sont soumises à l'entendement, le préjugé détruit le jugement sain et pervertit toutes les opérations des facultés intellectuelles. Or, il n'est pas moins funeste au bon goût ni moins apte à corrompre le sentiment du Beau. Dans les deux cas, il revient au bon sens de prévenir son influence; et à cet égard, comme à bien d'autres, si la raison n'est pas une partie essentielle du goût, du moins est-elle l'auxiliaire indispensable de ses opérations. Dans toutes les productions qui se distinguent par leur génie, il y a un rapport, une convenance mutuelle des parties; or si l'on n'a pas assez d'étendue d'esprit pour embrasser toutes ces parties, pour les comparer les unes aux autres et percevoir ainsi la cohérence et la régularité du tout, on ne saura en discerner les beautés et les défauts. De plus, chaque œuvre d'art répond à une certaine fin, à un certain dessein; et elle sera jugée plus ou moins parfaite selon qu'elle est plus ou moins bien ajustée à cette fin. L'objet de l'éloquence est de persuader, celui de l'histoire d'instruire, celui de la poésie de plaire en agissant sur les passions et l'imagination. Ces fins, nous devons les avoir constamment à l'esprit, quand nous considérons une œuvre, et nous devons être capables de juger jusqu'où les moyens employés sont adaptés à leurs fins respectives. Ajoutons que toute espèce de composition, même la plus poétique, consiste en un enchaînement de propositions et de

reasonings; not always, indeed, the justest and most exact, but still plausible and specious, however disguised by the colouring of the imagination. The persons introduced in tragedy and epic poetry must be represented as reasoning, and thinking, and concluding, and acting, suitably to their character and circumstances; and without judgment, as well as taste and invention, a poet can never hope to succeed in so delicate an undertaking. Not to mention that the same excellence of faculties which contributes to the improvement of reason, the same clearness of conception, the same exactness of distinction, the same vivacity of apprehension, are essential to the operations of true taste, and are its infallible concomitants. It seldom or never happens, that a man of sense, who has experience in any art, cannot judge of its beauty; and it is no less rare to meet with a man who has a just taste without a sound understanding.

23. Thus, though the principles of taste be universal, and, nearly, if not entirely the same in all men, yet few are qualified to give judgment on any work of art, or establish their own sentiment as the standard of beauty. The organs of internal sensation are seldom so perfect as to allow the general principles their full play, and produce a feeling correspondent to those principles. They either labour under some defect, or are vitiated by some disorder; and by that means, excite a sentiment, which may be pronounced erroneous. When the critic has no delicacy, he judges without any distinction and is only affected by the grosser and more palpable qualities of the object: the finer touches pass unnoticed and disregarded. Where he is not aided by practice, his verdict is attended with confusion and hesitation. Where no

raisonnements, qui ne sont certes pas toujours parmi les plus justes et les plus exacts, mais qui conservent un caractère de vraisemblance et une apparence de vérité, sous les dehors colorés de l'imagination. Les personnages qu'on introduit dans les tragédies ou les poèmes épiques doivent être représentés comme des êtres qui raisonnent, qui pensent, qui concluent et agissent conformément à leur caractère propre et aux circonstances ; et le poète a autant besoin de jugement que de goût et d'invention, s'il veut jamais réussir dans une tâche aussi délicate. Enfin, la même perfection dans nos facultés qui favorise les progrès de la raison, la clarté de la conception, la justesse du discernement, la vivacité de l'appréhension – cette même perfection est indispensable aux opérations du goût véritable et en est le sûr soutien. Il est rare, jamais il n'arrive qu'un homme de sens, versé dans un art, ne puisse pas juger de ses beautés ; et il n'est pas moins rare de rencontrer un homme qui ait le goût juste sans avoir l'entendement sain.

23. Ainsi, bien que les principes du goût soient universels et sinon tout à fait, du moins presque les mêmes chez tous les hommes, cependant il en est bien peu qui aient qualité à donner leur jugement sur les productions de l'art ou à proposer leur propre sentiment comme règle du Beau. Les organes de la sensation interne sont rarement assez parfaits pour donner pleine carrière aux principes généraux et produire une impression qui soit conforme à ces principes. Tantôt, ils sont affligés de quelque faiblesse, tantôt ils sont viciés par quelque désordre ; d'où résulte un sentiment décidément faux. Si le critique n'a point de délicatesse, il juge sans distinction et n'est touché que par les qualités les plus grossières et les plus tangibles de l'objet, les traits les plus fins échappant à son attention et à son observation. Si la pratique ne lui vient pas en aide, ses décisions sont confuses et hésitantes. S'il n'a pas recours à des

comparison has been employed, the most frivolous beauties, such as rather merit the name of defects, are the object of his admiration. Where he lies under the influence of prejudice, all his natural sentiments are perverted. Where good sense is wanting, he is not qualified to discern the beauties of design and reasoning, which are the highest and most excellent. Under some or other of these imperfections, the generality of men labour; and hence a true judge in the finer arts is observed, even during the most polished ages, to be so rare a character: strong sense, united to delicate sentiment, improved by practice, perfected by comparison, and cleared of all prejudice, can alone entitle critics to this valuable character; and the joint verdict of such, wherever they are to be found, is the true standard of taste and beauty.

24. But where are such critics to be found? By what marks are they to be known? How distinguish them from pretenders? These questions are embarrassing and seem to throw us back into the same uncertainty from which, during the course of this essay, we have endeavoured to extricate ourselves.

25. But if we consider the matter aright, these are questions of fact, not of sentiment. Whether any particular person be endowed with good sense and a delicate imagination, free from prejudice, may often be the subject of dispute, and be liable to great discussion and enquiry; but that such a character is valuable and estimable will be agreed in by all mankind. Where these doubts occur, men can do no more than in other disputable questions which are submitted to the understanding: they must produce the best arguments that their invention suggests to them; they must acknowledge a true and decisive standard to exist somewhere, to wit, real existence and matter of fact; and

DE LA RÈGLE DU GOÛT

comparaisons, les beautés les plus frivoles sont les objets qu'il admire, que dis-je, il prend pour beauté ce qui est défaut. S'il reste sous l'influence du préjugé, tous ses sentiments naturels sont pervertis. Si le bon sens lui manque, il n'a point qualité pour discerner les beautés du dessein et du raisonnement, beautés qui sont les plus éminentes et les plus distinguées de toutes. L'une ou l'autre de ces imperfections afflige la plus grande partie des hommes. C'est pourquoi, comme on a pu l'observer, c'est un caractère fort rare même aux époques les plus brillantes qu'un vrai juge en matière de beaux-arts. Un sens robuste, uni à un sentiment délicat, amélioré par la pratique, perfectionné par l'habitude de comparer, et purgé de tout préjugé, voilà ce qui seul peut élever les critiques à ce caractère estimable; et le verdict commun de tels juges, où qu'on les trouve, forme la véritable règle du goût et du Beau.

24. Mais où trouver de tels critiques? À quelles marques les reconnaître? Comment les distinguer des prétendants? Ce sont des questions embarrassantes qui semblent nous replonger dans la même incertitude dont nous avons essayé, tout au long de cet essai, de nous délivrer.

25. Cependant, à bien prendre la chose, ce sont là des questions de fait et non de sentiment. Telle personne est-elle douée de bon sens et d'une imagination délicate? Est-elle libre de tout préjugé? Voilà un sujet fréquent de dispute, qui prête à débat et demande examen; mais tout le monde tombe d'accord qu'un tel caractère mérite estime et considération. Quand ces doutes surviennent, il n'y a pas d'autre chose à faire que ce que l'on fait dans les sujets à controverse qui sont soumis à l'entendement: il faut produire les meilleurs arguments que l'invention suggère; il faut poser qu'il y a quelque part une règle vraie et décisive, celle des faits, de l'existence réelle; il

they must have indulgence to such as differ from them in their appeals to this standard. It is sufficient for our present purpose, if we have proved, that the taste of all individuals is not upon an equal footing, and that some men in general, however difficult to be particularly pitched upon, will be acknowledged by universal sentiment to have a preference above others.

26. But in reality the difficulty of finding, even in particulars, the standard of taste, is not so great as it is represented. Though in speculation, we may readily avow a certain criterion in science and deny it in sentiment, the matter is found in practice to be much more hard to ascertain in the former case than in the latter. Theories of abstract philosophy, systems of profound theology, have prevailed during one age; in a successive period, these have been universally exploded; their absurdity has been detected; other theories and systems have supplied their place, which again gave place to their successors; and nothing has been experienced more liable to the revolutions of chance and fashion than these pretended decisions of science. The case is not the same with the beauties of eloquence and poetry. Just expressions of passion and nature are sure, after a little time, to gain public applause, which they maintain for ever. Aristotle and Plato, and Epicurus, and Descartes, may successively yield to each other: But Terence and Virgil maintain an universal, undisputed empire over the minds of men. The abstract philosophy of Cicero has lost its credit, the vehemence of his oratory is still the object of our admiration.

27. Though men of delicate taste be rare, they are easily to be distinguished in society by the soundness of their understanding and the superiority of their faculties above the rest

faut avoir de l'indulgence pour ceux qui de cette règle ne font pas le même usage. Il suffit à notre présent propos que nous ayons prouvé que le goût de tous les individus n'est pas sur le même pied et qu'en général, si malaisé qu'il soit de les désigner, il y a de certains hommes que, d'un consentement universel, l'on place au dessus des autres.

26. Et la difficulté de trouver jusque dans le particulier cette règle du goût n'est pas si grande qu'on le dit. Quoique en théorie on admette volontiers qu'il y a dans la science un certain critère qu'on ne trouve pas dans le sentiment, en pratique il s'avère beaucoup plus difficile de trancher dans le premier cas que dans le second. Les théories de philosophie abstraite, les systèmes de profonde théologie n'ont qu'un temps : ils dominent une époque ; à l'époque suivante, ils sont tombés dans un complet discrédit : leur absurdité a été dénoncée ; d'autres théories et d'autres systèmes ont pris leur place, qui le cèderont à leur tour à ceux qui les suivront. Et l'expérience montre que rien n'est plus sujet aux révolutions du hasard et de la mode que ces prétendues décisions de la science. Il n'en va pas de même touchant les beautés de l'éloquence et de la poésie. Les ouvrages où la passion et la nature sont justement exprimées ne laissent pas de s'attirer en peu de temps les suffrages publics, qu'ils retiennent pour toujours. Aristote et Platon, Épicure, Descartes, peuvent s'effacer les uns devant les autres ; mais Térence et Virgile exercent sur l'esprit des hommes un empire universel, à jamais incontesté. La philosophie abstraite de Cicéron a perdu son crédit ; la véhémence de son éloquence est encore l'objet de notre admiration.

27. Bien que les hommes d'un goût délicat soient rares, on les distingue aisément en société, par un entendement solide et des facultés supérieures qui les élèvent au dessus du reste

of mankind. The ascendant which they acquire, gives a prevalence to that lively approbation, with which they receive any productions of genius, and renders it generally predominant. Many men, when left to themselves, have but a faint and dubious perception of beauty, who yet are capable of relishing any fine stroke which is pointed out to them. Every convert to the admiration of the real poet or orator is the cause of some new conversion. And though prejudices may prevail for a time, they never unite in celebrating any rival to the true genius, but yield at last to the force of nature and just sentiment. Thus, though a civilized nation may easily be mistaken in the choice of their admired philosopher, they never have been found long to err, in their affection for a favourite epic or tragic author.

28. But notwithstanding all our endeavours to fix a standard of taste, and reconcile the discordant apprehensions of men, there still remain two sources of variation, which are not sufficient indeed to confound all the boundaries of beauty and deformity, but will often serve to produce a difference in the degrees of our approbation or blame. The one is the different humours of particular men; the other, the particular manners and opinions of our age and country. The general principles of taste are uniform in human nature: where men vary in their judgments, some defect or perversion in the faculties may commonly be remarked; proceeding either from prejudice, from want of practice, or want of delicacy; and there is just reason for approving one taste, and condemning another. But where there is such a diversity in the internal frame or external situation as is entirely blameless on both sides, and

permet pas de donner la préférence à l'un ou à l'autre, alors un certain degré de variation dans le jugement est inévitable et nous cherchons en vain une règle par laquelle réconcilier les sentiments contraires.

29. Les images tendres, les peintures de l'amour, font plus d'impression sur un jeune homme dont les passions sont ardentes que sur un homme plus avancé en âge qui trouve plaisir à de sages pensées philosophiques touchant la conduite de la vie et l'art de modérer les passions. Ovide sera notre auteur favori à vingt ans ; Horace à quarante, et peut-être Tacite à cinquante. En vain tenterions-nous alors d'entrer dans les sentiments d'autrui et de nous distraire de ces inclinations qui nous sont naturelles. Nous choisissons notre auteur, comme nous choisissons un ami, par une conformité d'humeur et de disposition. La gaieté ou la passion, le sentiment ou la réflexion, quel que soit le trait qui prédomine dans notre tempérament, il nous donne une sympathie particulière pour l'écrivain qui nous ressemble.

30. Celui-ci aime davantage le sublime ; celui-là le tendre ; un troisième se plaît à la satire. L'un, très sensible aux moindres fautes, est extrêmement soucieux de correction ; l'autre, plus vivement touché des beautés, pardonne vingt manquements pour un trait élevé ou pathétique. L'oreille de cet homme n'entend que ce qui a concision et force ; cet autre est charmé par une expression riche, abondante, harmonieuse. Un tel affectionne la simplicité ; cet autre recherche l'ornement. La comédie, la tragédie, la satire, l'ode, ont chacune leurs partisans, qui préfèrent ce genre particulier à tout autre. C'est manifestement une erreur chez un critique, que de limiter son approbation à un seul genre, un seul style d'écriture, et de condamner tous les autres. Mais il est presque impossible de ne pas éprouver une prédilection pour celui qui s'accorde au tour

and disposition. Such preferences are innocent and unavoidable, and can never reasonably be the object of dispute, because there is no standard by which they can be decided.

31. For a like reason, we are more pleased, in the course of our reading, with pictures and characters that resemble objects which are found in our own age or country, than with those which describe a different set of customs. It is not without some effort that we reconcile ourselves to the simplicity of ancient manners, and behold princesses carrying water from the spring, and kings and heroes dressing their own victuals. We may allow, in general, that the representation of such manners is no fault in the author, nor deformity in the piece; but we are not so sensibly touched with them. For this reason, comedy is not easily transferred from one age or nation to another. A Frenchman or Englishman is not pleased with the *Andria* of Terence or *Clitia* of Machiavel, where the fine lady, upon whom all the play turns, never once appears to the spectators, but is always kept behind the scenes, suitably to the reserved humour of the ancient Greek and modern Italians. A man of learning and reflection can make allowance for these peculiarities of manners; but a common audience can never divest themselves so far of their usual ideas and sentiments, as to relish pictures which in no wise resemble them.

et à la disposition particulière que l'on a. De telles préférences sont innocentes et inévitables ; et on ne peut raisonnablement en faire jamais un objet de dispute, parce qu'il n'y a pas de règle pour en décider.

31. Pour la même raison, dans nos lectures, nous avons plus de plaisir aux tableaux et aux caractères qui ressemblent aux objets que nous connaissons de nos jours et dans notre pays qu'à ceux qui décrivent un ensemble différent de coutumes. Ce n'est pas sans effort que nous nous faisons à la simplicité des anciennes mœurs, pour voir des princesses porter l'eau de la source ou les rois et les héros apprêter eux-mêmes leur repas. Nous avons beau reconnaître en général que la représentation de telles mœurs n'est pas fautive chez l'auteur ni ne défigure la pièce ; nous ne sommes pas touchés aussi profondément. C'est la raison pour laquelle la comédie ne se transporte pas aisément d'une époque ou d'une nation à une autre. Un Français ou un Anglais n'a pas de plaisir à l'*Andrienne* de Térence[1] ou à la *Clizia* de Machiavel[2], où la belle dame sur qui roule toute la pièce n'apparaît pas une seule fois devant les spectateurs, mais reste toujours cachée dans les coulisses, conformément à l'esprit réservé des anciens Grecs et des Italiens modernes. Un homme instruit et réfléchi peut se rendre à ces particularités ; mais le commun des spectateurs ne réussit jamais à s'affranchir assez de ses idées ou de ses sentiments habituels, pour goûter des tableaux qui ne leur ressemblent pas.

1. Térence, *L'Andrienne*. La jeune femme qui est le personnage principal ne dit rien sur la scène.

2. Dans la *Clizia* de Machiavel (donnée sur scène en 1525), l'héroïne est au centre de l'action sans apparaître jamais.

32. But here there occurs a reflection which may, perhaps, be useful in examining the celebrated controversy concerning ancient and modern learning; where we often find the one side excusing any seeming absurdity in the ancients from the manners of the age, and the other refusing to admit this excuse or, at least, admitting it only as an apology for the author, not for the performance. In my opinion, the proper boundaries in this subject have seldom been fixed between the contending parties. Where any innocent peculiarities of manners are represented, such as those above mentioned, they ought certainly to be admitted; and a man who is shocked with them, gives an evident proof of false delicacy and refinement. The poet's *monument more durable than brass* must fall to the ground like common brick or clay, were men to make no allowance for the continual revolutions of manners and customs, and would admit of nothing but what was suitable to the prevailing fashion. Must we throw aside the pictures of our ancestors, because of their ruffs and fardingales? But where the ideas of morality and decency alter from one age to another, and where vicious manners are described, without being marked with the proper characters of blame and disapprobation, this must be allowed to disfigure the poem, and to be a real deformity. I cannot, nor is it proper I should, enter into such sentiments; and however I may excuse the poet, on account of the manners in his age, I never can relish the composition. The want of humanity and of decency, so conspicuous in the characters drawn by several of the ancient poets, even sometimes by Homer and the Greek tragedians, diminishes

32. Il me vient ici une réflexion qui sera peut-être utile pour
éclaircir la célèbre querelle des Anciens et des Modernes.
Quand se présente chez les Anciens une apparence d'absurdité, on voit souvent les uns l'excuser au nom des mœurs
de l'époque, les autres refuser d'admettre cette excuse ou, du
moins, ne l'admettre que pour la défense de l'auteur et non
celle de l'œuvre. Mon sentiment est que les limites de la
controverse n'ont jamais été très bien fixées entre les parties
adverses. Lorsqu'on nous représente une particularité des
mœurs qui n'a rien que d'innocent, comme celles dont nous
venons de parler, nous protesterions à tort; et ce n'est que
fausse délicatesse ou vain raffinement que d'en être choqué.
*Ces monuments plus durables que l'airain* qu'évoque le poète [1]
ne manqueraient pas de tomber au sol comme de la brique
ou de l'argile commune, si l'on se refusait à faire la part des
continuelles révolutions des mœurs et des coutumes, pour
n'admettre que ce qui se conforme à la mode dominante.
Devrons-nous donc jeter au rebut les portraits de nos ancêtres,
à cause de leurs fraises et de leurs vertugadins? Mais quand les
idées de la moralité et de la décence changent d'une époque à
l'autre et quand le vice est dépeint sans que lui soient attachées
les justes marques du blâme et de la désapprobation, il faut
alors avouer que c'est une véritable flétrissure qui défigure le
poème. Je ne puis, et il ne le conviendrait pas, entrer dans
de tels sentiments; j'excuserai peut-être le poète à cause des
mœurs de son époque, mais je ne pourrai jamais goûter sa composition. Les traits d'inhumanité et d'indécence si répandus
dans les caractères peints par plusieurs poètes de l'antiquité,
et même parfois par Homère et les tragiques grecs, diminuent

1. Horace, *Odes*, III, 30, 1 : *monumentum ære perennius.*

considerably the merit of their noble performances, and gives modern authors an advantage over them. We are not interested in the fortunes and sentiments of such rough heroes; we are displeased to find the limits of vice and virtue so much confounded; and whatever indulgence we may give to the writer on account of his prejudices, we cannot prevail on ourselves to enter into his sentiments, or bear an affection to characters which we plainly discover to be blameable.

33. The case is not the same with moral principles, as with speculative opinions of any kind. These are in continual flux and revolution. The son embraces a different system from the father. Nay, there scarcely is any man who can boast of great constancy and uniformity in this particular. Whatever speculative errors may be found in the polite writings of any age or country, they detract but little from the value of those compositions. There needs but a certain turn of thought or imagination to make us enter into all the opinions which then prevailed, and relish the sentiments or conclusions derived from them. But a very violent effort is requisite to change our judgment of manners, and excite sentiments of approbation or blame, love or hatred, different from those to which the mind from long custom has been familiarized. And where a man is confident of the rectitude of that moral standard by which he judges, he is justly jealous of it, and will not pervert the sentiments of his heart for a moment, in complaisance to any writer whatsoever.

34. Of all speculative errors, those which regard religion are the most excusable in compositions of genius; nor is it ever permitted to judge of the civility or wisdom of any people, or even of single persons, by the grossness or refinement of their

considérablement les mérites de leurs nobles productions, et donnent l'avantage aux auteurs modernes. Nous n'avons pas d'intérêt pour la fortune et les sentiments de héros aussi grossiers ; nous sommes fâchés de voir les limites du vice et de la vertu à ce point confondues ; et quelque indulgence que nous ayons pour l'auteur qui est victime de ses préjugés, nous ne saurions prendre sur nous d'entrer dans ses sentiments ou de porter de l'affection à des caractères qui nous paraissent manifestement dignes d'être blâmés.

33. Il faut faire la différence entre les principes moraux et les opinions spéculatives. Celles-ci sont toutes dans un flux et dans une révolution perpétuelle. Le fils embrasse un système qui n'est plus celui du père. Est-il même un seul homme qui puisse se vanter d'être resté constant et invariable à cet égard ? Les erreurs spéculatives qu'on peut découvrir dans les écrits éclairés d'une époque et d'un pays ôtent fort peu au mérite de ces compositions. Il suffit d'un certain tour de la pensée et de l'imagination pour entrer dans toutes ces opinions qui ont pu prévaloir et pour goûter les sentiments et les conclusions qui en ont été tirés. Mais ce n'est pas sans un effort très violent qu'on change son jugement sur les mœurs et qu'on fait naître en soi des sentiments d'approbation ou de blâme, d'amour ou de haine, qui diffèrent de ceux dont l'esprit a une longue pratique. Et si un homme est persuadé de la rectitude de la règle morale par laquelle il juge, il s'en montre à raison jaloux ; pas un instant il ne corrompra les sentiments de son cœur par complaisance pour un auteur, quel qu'il soit.

34. De toutes les erreurs spéculatives qui se glissent dans les compositions de génie, les plus excusables sont celles qui touchent à la religion. Et il n'est jamais permis de juger de la civilité et de la sagesse d'un peuple ou même d'une personne, par le caractère grossier ou raffiné de ses principes théolo-

theological principles. The same good sense that directs men
in the ordinary occurrences of life, is not hearkened to in
religious matters, which are supposed to be placed altogether
above the cognizance of human reason. On this account, all the
absurdities of the pagan system of theology must be over-
looked by every critic who would pretend to form a just notion
of ancient poetry; and our posterity, in their turn, must have the
same indulgence to their forefathers. No religious principles
can ever be imputed as a fault to any poet, while they remain
merely principles, and take not such strong possession of his
heart, as to lay him under the imputation of bigotry or superstition. Where that happens, they confound the sentiments
of morality, and alter the natural boundaries of vice and
virtue. They are therefore eternal blemishes, according to the
principle above mentioned; nor are the prejudices and false
opinions of the age sufficient to justify them.

35. It is essential to the Roman catholic religion to inspire
a violent hatred of every other worship, and to represent all
pagans, mahometans, and heretics as the objects of divine
wrath and vengeance. Such sentiments, though they are in
reality very blameable, are considered as virtues by the
zealots of that communion, and are represented in their
tragedies and epic poems as a kind of divine heroism. This
bigotry has disfigured two very fine tragedies of the French
theatre, *Polieucte* and *Athalia*; where an intemperate zeal
for particular modes of worship is set off with all the pomp
imaginable, and forms the predominant character of the
heroes. « What is this », says the sublime Joad to Josabet,
finding her in discourse with Mathan, the priest of Baal,
« Does the daughter of David speak to this traitor? Are you
not afraid lest the earth should open and pour forth flames
to devour you both? Or lest these holy walls should fall

giques. Ce même bon sens qui dirige les hommes dans les circonstances ordinaires de la vie n'est plus entendu dans les affaires religieuses qu'on suppose placées bien au dessus de la connaissance de l'humaine raison. C'est pourquoi, toutes les absurdités du système de la théologie païenne doivent être tenues pour rien par le critique qui voudrait se former une juste notion de la poésie antique ; et notre postérité, à son tour, devra avoir la même indulgence envers ses ancêtres. Ne condamnons pas d'un poète les principes religieux, tant qu'ils demeurent de simples principes, dont son cœur n'est pas assez imbu pour mériter l'accusation de bigoterie ou de superstition. Mais que cela soit, alors ces principes égarent les sentiments de moralité et déplacent les frontières naturelles du vice et de la vertu. En ce cas, ce sont des taches ineffaçables, selon le principe établi ci-dessus, taches que les préjugés et les fausses opinions de l'époque ne suffisent pas à justifier.

35. Il est essentiel à la religion catholique romaine d'inspirer une haine violente contre tous les autres cultes et de représenter les païens, les mahométans et les hérétiques comme autant d'objets de la colère et de la vengeance divine. Ces sentiments, qui sont en vérité très blâmables, les zélateurs de cette communion les considèrent comme des vertus et les représentent dans leurs tragédies et leurs poèmes épiques comme une sorte d'héroïsme divin. Une telle bigoterie a défiguré deux très belles tragédies du théâtre français, *Polyeucte* et *Athalie*. Un zèle immodéré pour certains cultes particuliers y est dépeint avec toute la pompe imaginable et constitue le caractère dominant des héros. « Qu'est-ce ! » dit le sublime Joad à Josabet qu'il trouve en conversation avec Mathan, le prêtre de Baal « La fille de David parle à ce traître ? Ne craignez-vous pas que la terre ne s'ouvre et ne déverse des flammes pour vous dévorer tous deux ? Ou que ces murs sacrés ne s'effondrent

and crush you together? What is his purpose? Why comes
that enemy of God hither to poison the air which we breath,
with his horrid presence?». Such sentiments are received with
great applause on the theatre of Paris; but at London the
spectators would be full as much pleased to hear Achilles tell
Agamemnon, that he was a dog in his forehead, and a deer in
his heart, or Jupiter threaten Juno with a sound drubbing, if she
will not be quiet.

36. Religious principles are also a blemish in any polite
composition, when they rise up to superstition, and intrude
themselves into every sentiment, however remote from any
connection with religion. It is no excuse for the poet, that
the customs of his country had burdened life with so many
religious ceremonies and observances, that no part of it was
exempt from that yoke. It must for ever be ridiculous in
Petrarch to compare his mistress Laura, to Jesus Christ. Nor
is it less ridiculous in that agreeable libertine, Boccace, very
seriously to give thanks to God Almighty and the ladies, for
their assistance in defending him against his enemies.

pour vous écraser ensemble? Quel est son dessein? Pourquoi
cet ennemi de Dieu vient-il ici empoisonner l'air que nous
respirons de l'horreur de sa présence?»[1]. De tels sentiments
sont extrêmement applaudis sur les scènes de Paris; mais à
Londres les spectateurs aimeraient autant entendre Achille
dire à Agamemnon qu'il a une tête de chien et un cœur de cerf,
ou Jupiter menacer Junon d'une correction, pour la faire tenir
tranquille[2].

36. Les principes religieux gâtent encore une composition
d'art, lorsqu'ils sont poussés jusqu'à la superstition et qu'ils
s'immiscent en tout sentiment, même s'il n'a pas de rapport
avec la religion. Ce n'est pas une excuse pour le poète que de
dire que les coutumes de son pays ont surchargé la vie humaine
de tant de cérémonies et de pratiques religieuses que rien
n'échappe à ce joug. La comparaison que Pétrarque fait de
Laure, sa maîtresse, avec Jésus-Christ passera toujours pour
ridicule. Et il n'est pas moins ridicule de la part de cet aimable
libertin qu'est Boccace, que de remercier très sérieusement le
Tout-Puissant et les Dames de l'assistance qu'ils lui ont prêtée
contre ses ennemis[3].

---

1. Racine, *Athalie*, acte III, scène V.
2. *Iliade*, I, 225, pour les insultes d'Achille; I, 560 et XV, 17 *sq.*, pour les
querelles entre Zeus et Héra.
3. Boccace, *Décaméron*, introduction au « Quatrième jour ».

## OF SIMPLICITY AND REFINEMENT
## IN WRITING *

1. Fine writing, according to Mr. Addison, consists of sentiments which are natural, without being obvious. There cannot be a juster, and more concise definition of fine writing.

2. Sentiments, which are merely natural, affect not the mind with any pleasure, and seem not worthy of our attention. The pleasantries of a waterman, the observations of a peasant, the ribaldry of a porter or hackney coachman, all of these are natural, and disagreeable. What an insipid comedy should we make of the chit-chat of the tea-table, copied faithfully and at full length? Nothing can please persons of taste, but nature drawn with all her graces and ornaments, *la belle nature* [1]; or if we copy low life, the strokes must be strong and remarkable, and must convey a lively image to the mind. The absurd naivety [2] of Sancho Pancho is represented in such inimitable

---

* Cet essai parut dans l'édition de 1742 et fut toujours reproduit dans les éditions suivantes.

1. En français dans le texte.

2. *1742 to 1753-54 editions proceed*: *naivety*, a word which I have borrowed from the *French*, and which is wanted in our language.

## DE LA SIMPLICITÉ ET DU RAFFINEMENT
## DANS LE STYLE

1. La beauté du style, selon M. Addison[1], est faite de sentiments qui sont naturels sans être communs. C'est la définition la plus juste et la plus concise qui soit de la beauté du style.

2. Les sentiments qui ne sont que naturels ne causent aucun plaisir à l'esprit et n'ont rien qui semble mériter notre attention. Les plaisanteries d'un batelier, les réflexions d'un paysan, les grossièretés d'un porte-faix ou d'un cocher, tout cela est naturel et dénué d'agrément. Quelle insipide comédie ferionsnous à reproduire fidèlement les bavardages d'une table de thé, sans rien en retrancher ? Seule la nature, dessinée avec toutes ses grâces et tous ses ornements, *la belle nature*, peut plaire à des gens de goût. Ou, si jamais nous copions le petit monde, il faut que ce soit avec des traits vigoureux et marquants, qui portent une image vive dans l'esprit. L'absurde naïveté[2] de Sancho Pança nous est rendue par Cervantès dans des couleurs

1. Addison, *The Spectator*, n° 345 (5 avril 1712).
2. *Les éditions de 1742 à 1753-54 poursuivent ainsi* : la naïveté, un mot que j'ai emprunté au *français* et qui fait défaut dans notre langage.

colours by Cervantes, that it entertains as much as the picture
of the most magnanimous hero or softest lover.

3. The case is the same with orators, philosophers, critics,
or any author who speaks in his own person, without intro-
ducing other speakers or actors. If his language be not elegant,
his observations uncommon, his sense strong and masculine,
he will in vain boast his nature and simplicity. He may be
correct; but he never will be agreeable. It is the unhappiness of
such authors, that they are never blamed or censured. The good
fortune of a book and that of a man are not the same. The secret
deceiving path of life, which Horace talks of, *fallentis semita
vitæ*, may be the happiest lot of the one, but is the greatest
misfortune, which the other can possibly fall into.

4. On the other hand, productions which are merely
surprising, without being natural, can never give any lasting
entertainment to the mind. To draw chimeras is not, properly
speaking, to copy or imitate. The justness of the representation is lost, and the mind is displeased to find a picture
which bears no resemblance to any original. Nor are such
excessive refinements more agreeable in the epistolary or
philosophic style, than in the epic or tragic. Too much
ornament is a fault in every kind of production. Uncommon
expressions, strong flashes of wit, pointed similes, and epi-
grammatic turns, especially when they recur too frequently,
are a disfigurement, rather than any embellishment of
discourse. As the eye, in surveying a Gothic building, is
distracted by the multiplicity of ornaments, and loses the
whole by its minute attention to the parts, so the mind, in

si inimitables qu'elle nous amuse autant que la représentation du héros le plus magnanime ou de l'amant le plus tendre.

3. Il en va de même pour les orateurs, les philosophes, les critiques, pour tout auteur qui parle en son nom propre, sans introduire d'autres locuteurs ou d'autres acteurs. Si sa langue n'a pas d'élégance, si ses réflexions n'ont pas de distinction, si son jugement n'a pas de force ou de mâle vigueur, c'est en vain qu'il fera valoir son naturel et sa simplicité. Il sera correct ; il ne sera jamais agréable. C'est le malheur de ces auteurs, de n'être jamais blâmés ou censurés. La fortune d'un livre ne va pas comme la fortune d'un homme. Le chemin secret d'une vie ignorée dont parle Horace, *fallentis semita vitæ* [1], sera peut-être pour l'un le sort le plus heureux ; mais c'est le plus grand malheur dans lequel l'autre puisse tomber.

4. D'un autre côté, les productions qui ne sont que surprenantes sans être naturelles ne sauraient retenir l'esprit d'une manière durable. Crayonner des chimères n'est pas à proprement parler copier ou imiter. La justesse de la représentation est perdue ; l'esprit est déçu de trouver une image qui n'a pas de ressemblance à un original. Ces raffinements excessifs ne plaisent pas davantage dans le style épistolaire ou philosophique que dans le style épique ou tragique. En tout genre de production, trop d'ornement est une faute. Les expressions recherchées, les saillies trop vives, les allusions piquantes, les tours épigrammatiques, surtout lorsqu'ils reviennent trop souvent, défigurent plus qu'ils n'embellissent le discours. De même que l'œil est distrait à suivre la variété des ornements d'un bâtiment gothique et perd la beauté du tout par l'attention minutieuse qu'il porte aux parties, de même l'esprit, à

1. Horace, *Épîtres*, I, 18, 103.

perusing a work overstocked with wit, is fatigued and disgusted with the constant endeavour to shine and surprise. This is the case where a writer overabounds in wit, even though that wit, in itself, should be just and agreeable. But it commonly happens to such writers, that they seek for their favourite ornaments, even where the subject does not afford them, and by that means, have twenty insipid conceits for one thought which is really beautiful.

5. There is no subject in critical learning more copious than this of the just mixture of simplicity and refinement in writing; and therefore, not to wander in too large a field, I shall confine myself to a few general observations on that head.

6. *First*, I observe that *though excesses of both kinds are to be avoided, and though a proper medium ought to be studied in all productions; yet this medium lies not in a point, but admits of a considerable latitude.* Consider the wide distance, in this respect, between Mr. Pope and Lucretius. These seem to lie in the two greatest extremes of refinement and simplicity, in which a poet can indulge himself, without being guilty of any blameable excess. All this interval may be filled with poets who may differ from each other, but may be equally admirable, each in his peculiar style and manner. Corneille and Congreve, who carry their wit and refinement somewhat further than Mr. Pope (if poets of so different a kind can be compared together), and Sophocles and Terence, who are more simple than Lucretius, seem to have gone out of that medium in which the most perfect productions are found, and to be guilty of some excess in these opposite characters. Of

parcourir une œuvre encombrée de bel esprit, se fatigue et se dégoûte de tant de soin mis à briller et à surprendre. Il en va ainsi lorsqu'un écrivain met de l'esprit partout, quand bien, pris en lui-même, cet esprit serait agréable et juste. Mais il arrive ordinairement à de tels auteurs de vouloir toujours reprendre leurs ornements favoris, que le sujet s'y prête ou non ; et ce faisant, pour une pensée qui est véritablement belle, ils nous servent vingt bons mots insipides.

5. La critique n'a pas de sujet plus riche que cette question du juste mélange de la simplicité et du raffinement dans le style. Et, pour ne point m'égarer dans un champ trop vaste, je me limiterai à quelques observations générales sur ce sujet.

6. Ma *première* observation est que, *bien que les excès doivent être évités des deux côtés et que le juste milieu soit à rechercher en toute production, ce milieu cependant ne fait pas un point, mais admet une grande latitude.* Considérez la large distance qui à cet égard sépare M. Pope et Lucrèce. Ces auteurs me semblent marquer les limites extrêmes du raffinement et de la simplicité entre lesquelles un poète puisse se livrer à son art sans se rendre coupable de blâmables excès. Et tout cet intervalle peut être rempli par des poètes fort différents les uns des autres, mais également admirables, chacun selon son style et sa manière propre. Corneille et Congreve [1] qui ont poussé l'esprit et le raffinement plus loin que M. Pope (si des auteurs d'une espèce si différente peuvent être comparés), Sophocle et Térence qui sont plus simples que Lucrèce, paraissent sortir de ce milieu où sont les productions les plus parfaites, et se rendre coupables d'excès dans ces caractères opposés. De

---

1. William Congreve (1670-1729), auteur dramatique anglais connu pour ses drames héroïques et ses comédies.

all the great poets, Virgil and Racine, in my opinion, lie nearest the centre, and are the farthest removed from both the extremities.

7. My second observation on this head is that *it is very difficult, if not impossible, to explain by words, where the just medium lies between the excesses of simplicity and refinement, or to give any rule by which we can know precisely the bounds between the fault and the beauty.* A critic may not only discourse very judiciously on this head, without instructing his readers, but even without understanding the matter perfectly himself. There is not a finer piece of criticism than the *Dissertation on pastorals* by Fontenelle, in which, by a number of reflections and philosophical reasonings, he endeavours to fix the just medium, which is suitable to that species of writing. But let any one read the pastorals of that author, and he will be convinced that this judicious critic, notwithstanding his fine reasonings, had a false taste and fixed the point of perfection much nearer the extreme of refinement than pastoral poetry will admit of. The sentiments of his shepherds are better suited to the toilettes of Paris, than to the forests of Arcadie. But this it is impossible to discover from his critical reasonings. He blames all excessive painting and ornament as much as Virgil could have done, had that great poet writ a dissertation on this species of poetry. However different the tastes of men, their general discourse on these subjects is commonly the same. No criticism can be instructive, which descends not to particulars and is not full of examples and illustrations. It is allowed on all hands that beauty, as well as virtue, always lies in a medium; but where this medium is placed,

tous les grands poètes, Virgile et Racine sont à mon avis les plus voisins du centre et les plus éloignés des extrémités.

7. Ma seconde observation sur ce sujet est qu'*il est très difficile, sinon impossible, d'expliquer par des mots où se tient le juste milieu entre le style trop simple et le style trop raffiné, et d'établir une règle par laquelle tracer l'exacte limite entre le Beau et le fautif.* Un critique peut discourir très judicieusement sur ce point, sans instruire son lecteur, sans même bien posséder la matière. Il n'y a pas de plus bel essai de critique que la *Dissertation sur les pastorales*[1] de Fontenelle; elle est remplie de réflexions et raisonnements philosophiques qui ont pour but de fixer le juste milieu propre à ce genre littéraire. Mais lisez les pastorales de cet auteur et vous vous convaincrez que ce judicieux critique, malgré ses magnifiques raisonnements, avait le goût faux et qu'il plaçait le point de perfection bien plus près de la limite extrême du raffinement que ne l'admet la poésie pastorale. Les sentiments de ses bergers conviennent plus aux toilettes de Paris qu'aux forêts de l'Arcadie. Mais qui s'en douterait, à considérer ses raisonnements critiques? Il blâme l'excès de couleur et d'ornement autant qu'un Virgile aurait pu le faire, si ce poète latin avait écrit une dissertation sur ce genre de poésie. Si différent que soit le goût des hommes, leur discours général tient ordinairement en ces matières le même propos. C'est pourquoi la critique n'est jamais instructive, quand elle ne descend pas dans les détails et qu'elle n'abonde pas en exemples et en illustrations. On avoue de partout que la beauté, comme la vertu, est toujours dans le juste milieu. Mais où est ce juste milieu?

---

1. Hume fait allusion au *Discours sur la nature de l'églogue* que Fontenelle avait joint à la suite de ses *Poésies pastorales* (1688).

is the great question, and can never be sufficiently explained by general reasonings.

8. I shall deliver it as a third observation on this subject, that *we ought to be more on our guard against the excess of refinement than that of simplicity; and that because the former excess is both less beautiful, and more dangerous than the latter*.

9. It is a certain rule, that wit and passion are entirely incompatible. When the affections are moved, there is no place for the imagination. The mind of man being naturally limited, it is impossible that all its faculties can operate at once; and the more any one predominates, the less room is there for the others to exert their vigour. For this reason, a greater degree of simplicity is required in all compositions where men, and actions, and passions are painted, than in such as consist of reflections and observations. And as the former species of writing is the more engaging and beautiful, one may safely, upon this account, give the preference to the extreme of simplicity above that of refinement.

10. We may also observe that those compositions which we read the oftenest, and which every man of taste has got by heart, have the recommendation of simplicity and have nothing surprising in the thought, when divested of that elegance of expression, and harmony of numbers with which it is clothed. If the merit of the composition lie in a point of wit; it may strike at first; but the mind anticipates the thought in the second perusal, and is no longer affected by it. When I read an epigram of Martial, the first line recalls the whole; and I have no pleasure in repeating to myself what I know already. But each line, each word in Catullus, has its merit; and I am never tired with the perusal of

Telle est la grande question, à laquelle les raisonnements généraux ne suffisent pas.

8. La troisième observation que j'avancerai sur ce sujet est que *nous devons moins nous garder de l'excès de simplicité que de l'excès de raffinement, car celui-ci a moins de beauté et renferme plus de danger que celui-là.*

9. C'est une maxime certaine que bel esprit et passion ne sauraient aller de pair. Quand le cœur est ému, il n'y a pas de place pour l'imagination. L'esprit humain étant naturellement limité, il est impossible que toutes ses facultés puissent s'exercer à la fois ; et si l'une domine davantage, les autres ont moins de place pour dépenser leur énergie. Voilà pourquoi toutes les compositions qui peignent les hommes, leurs actions et leurs passions, demandent plus de simplicité que celles qui sont formées de réflexions et d'observations. Et comme la première sorte d'écrits est celle qui a le plus d'attrait et de beauté, on peut en toute sûreté, s'il faut choisir entre les extrêmes, donner la préférence à la simplicité sur le raffinement.

10. Nous pouvons aussi observer que les compositions que nous lisons le plus et que tout homme de goût possède par cœur, se recommandent par leur simplicité et n'ont rien de surprenant pour la pensée, quand elles sont dépouillées de l'élégance d'expression et de l'harmonie des nombres dont elles sont revêtues. Celles qui ont pour mérite leurs traits d'esprit peuvent nous frapper d'abord ; mais à la seconde lecture, elles cessent de nous toucher, car nous anticipons les pensées qu'elles contiennent. Quand je lis une épigramme de Martial, la première ligne me rappelle le tout, et je n'ai pas de plaisir à me répéter ce que je sais déjà. Mais chaque ligne, chaque mot de Catulle a son mérite, et je ne me fatigue jamais de lire cet

him. It is sufficient to run over Cowley once. But Parnel, after
the fiftieth reading, is as fresh as at the first. Besides, it is with
books as with women, where a certain plainness of manner
and of dress is more engaging than that glare of paint and
airs and apparel, which may dazzle the eye, but reaches not
the affections. Terence is a modest and bashful beauty, to
whom we grant every thing, because he assumes nothing, and
whose purity and nature make a durable, though not a violent
impression on us.

11. But refinement, as it is the less *beautiful*, so is it the
more *dangerous* extreme, and what we are the aptest to fall
into. Simplicity passes for dulness, when it is not accompanied
with great elegance and propriety. On the contrary, there is
something surprising in a blaze of wit and conceit. Ordinary
readers are mightily struck with it and falsely imagine it to be
the most difficult, as well as most excellent way of writing.
Seneca abounds with agreeable faults, says Quintilian, *abundat
dulcibus vitiis*, and for that reason is the more dangerous,
and the more apt to pervert the taste of the young and
inconsiderate.

12. I shall add, that the excess of refinement is now
more to be guarded against than ever; because it is the
extreme which men are the most apt to fall into, after
learning has made some progress, and after eminent writers
have appeared in every species of composition. The

auteur. Il suffit de parcourir une fois Cowley[1]; mais Parnell[2], après la cinquantième lecture, a autant de fraîcheur qu'à la première. D'ailleurs, il en est des livres comme des femmes : une certaine simplicité de mise et de manière a plus d'attrait que cet éclat du fard, de la mine ou de la parure, qui peut éblouir la vue, mais ne touche pas le cœur. Térence est comme une beauté modeste et timide à qui nous accordons tout, parce qu'il ne se pare de rien, et dont la pureté et le naturel nous laissent une impression durable, quoique douce.

11. Mais si, des deux extrêmes, le raffinement est celui qui a le moins de *beauté*, c'est aussi celui qui renferme le plus de *danger*; c'est celui dans lequel nous tombons le plus rapidement. La simplicité, à moins d'être accompagnée par une grande élégance et une extrême justesse, passe pour de la stupidité. Au contraire, il y a un effet de surprise dans une saillie ou dans un bon mot. Le lecteur ordinaire en est fortement frappé et il s'imagine à tort que c'est là la manière d'écrire qui est la plus difficile et qui a le plus d'excellence. Sénèque fourmille de fautes agréables, dit Quintilien, *abundat dulcibus vitiis*[3], et pour cette raison il est d'autant plus dangereux et plus capable de pervertir le goût de jeunes esprits sans réflexion.

12. J'ajouterai qu'on doit se garder aujourd'hui plus que jamais de l'excès de raffinement, puisque c'est l'extrémité à laquelle les hommes sont le plus portés, maintenant que la connaissance a fait quelque progrès et que d'éminents écrivains se sont illustrés dans tous les genres de composition. Le

1. Abraham Cowley (1618-1667), poète anglais, auteur d'essais et de poésie dans la manière d'Anacréon et de Pindare.

2. Thomas Parnell (1679-1718), poète irlandais.

3. Quintilien, *Institutions oratoires*, 10, 1, 129.

endeavour to please by novelty leads men wide of simplicity and nature, and fills their writings with affectation and conceit. It was thus the Asiatic eloquence degenerated so much from the Attic. It was thus the age of Claudius and Nero became so much inferior to that of Augustus in taste and genius. And perhaps there are, at present, some symptoms of a like degeneracy of taste, in France as well as in England.

souci de plaire par la nouveauté éloigne les auteurs de la simplicité et du naturel, et remplit leurs ouvrages d'affectation et
de fausse manière. C'est ainsi que l'éloquence asiatique dégé-
néra si fort de l'éloquence attique. C'est ainsi que, en matière
de goût et de génie, l'âge de Claude et de Néron devint si
inférieur à celui d'Auguste. Et peut-être y a-t-il aujourd'hui
quelques symptômes d'une semblable dégénérescence du goût
en France aussi bien qu'en Angleterre.

# OF ELOQUENCE*

1. Those who consider the periods and revolutions of human kind, as represented in history, are entertained with a spectacle full of pleasure and variety, and see, with surprise, the manners, customs, and opinions of the same species susceptible of such prodigious changes in different periods of time. It may, however, be observed, that, in *civil* history, there is found a much greater uniformity than in the history of learning and science, and that the wars, negotiations, and politics of one age resemble more those of another, than the taste, wit and speculative principles. Interest and ambition, honour and shame, friendship and enmity, gratitude and revenge, are the prime movers in all public transactions; and these passions are of a very stubborn and intractable nature, in comparison of the sentiments and understanding, which are easily varied by education and example. The Goths were much more inferior to the Romans, in taste and science, than in courage and virtue.

---

* Cet essai parut dans l'édition de 1742 et fut toujours reproduit dans les éditions suivantes.

# DE L'ÉLOQUENCE

1. À qui contemple le tableau qu'en retrace l'histoire, les périodes et les révolutions du genre humain offrent un spectacle plein d'agrément et de variété. Quoi de plus surprenant que de voir les mœurs, les coutumes et les opinions de la même espèce se prêter à des changements si prodigieux d'une époque à l'autre ? Notons cependant qu'il se trouve bien plus d'uniformité dans l'histoire civile que dans l'histoire des lettres et des sciences, et que les guerres, les traités, et la politique se ressemblent davantage d'une génération à l'autre, que ne le font le goût, l'esprit et les principes spéculatifs. L'intérêt et l'ambition, l'honneur et la honte, l'amitié et la haine, la gratitude et la vengeance, sont les premiers ressorts de toutes les actions publiques ; et ces passions fort têtues sont d'une nature beaucoup moins flexible que ne le sont le jugement et l'entendement qui varient aisément sous l'effet de l'éducation et de l'exemple. Si les Romains surpassaient les Goths, c'était bien plus en connaissance et en finesse d'esprit qu'en courage et en vertu.

2. But not to compare together nations so widely different, it may be observed that even this later period of human learning is, in many respects, of an opposite character to the ancient; and that, if we be superior in philosophy, we are still, notwithstanding all our refinements, much inferior in eloquence.

3. In ancient times, no work of genius was thought to require so great parts and capacity as the speaking in public; and some eminent writers have pronounced the talents even of a great poet or philosopher to be of an inferior nature to those which are requisite for such an undertaking. Greece and Rome produced, each of them, but one accomplished orator; and whatever praises the other celebrated speakers might merit, they were still esteemed much inferior to these great models of eloquence. It is observable, that the ancient critics could scarcely find two orators in any age who deserved to be placed precisely in the same rank, and possessed the same degree of merit. Calvus, Cælius, Curio, Hortensius, Cæsar rose one above another, but the greatest of that age was inferior to Cicero, the most eloquent speaker that had ever appeared in Rome. Those of fine taste, however, pronounced this judgment of the Roman orator, as well as of the Grecian, that both of them surpassed in eloquence all that had ever appeared, but that they were far from reaching the perfection of their art, which was infinite, and not only exceeded human force to attain, but human imagination to conceive. Cicero declares himself dissatisfied with his own performances, nay, even with those of Demosthenes.

2. Mais pour ne point comparer des nations qui se ressemblent si peu, arrêtons-nous à l'état présent de la connaissance humaine : à beaucoup d'égards, elle est à l'opposé de ce qu'elle était dans les temps anciens ; nous l'emportons en philosophie, mais nous sommes bien loin, malgré tous nos raffinements, de rivaliser en éloquence.

3. Dans les temps anciens, on pensait qu'il n'était pas d'œuvre de génie qui demandât plus de don ou d'aptitude que les harangues publiques ; et d'éminents auteurs ont déclaré que le talent même d'un grand poète ou d'un grand philosophe ne s'élève pas à la hauteur du talent requis pour cet art. La Grèce et Rome ne produisirent chacune qu'un seul orateur accompli ; et quelque dignes d'éloge que fussent les autres orateurs connus, on les estimait très inférieurs encore à ces grands modèles d'éloquence. Il est remarquable que les anciens critiques avaient peine à trouver deux orateurs de la même époque qu'on pût placer sur le même pied, avec le même degré de mérite. Calvus Cælius, Curio, Hortensius, César furent plus grands les uns que les autres ; mais le plus éminent d'entre eux restait bien inférieur à Cicéron, l'homme le plus éloquent qui ait jamais existé à Rome. Et pourtant les gens de goût n'hésitaient pas à déclarer de l'orateur romain comme de l'orateur grec que, si par leur éloquence ils avaient surpassé l'un et l'autre tout ce qui avait jamais été connu, néanmoins ils étaient loin d'atteindre la perfection de leur art, perfection infinie qui excède les forces humaines et que l'imagination même des hommes ne saurait concevoir. Cicéron s'avoue peu satisfait de ses propres réalisations, comme de celles de Démosthène lui-

*Ita sunt avidæ et capaces meæ aures,* says he, *et semper aliquid immensum, infinitumque desiderant.*

4. Of all the polite and learned nations, England alone possesses a popular government, or admits into the legislature such numerous assemblies as can be supposed to lie under the dominion of eloquence. But what has England to boast of in this particular? In enumerating the great men who have done honour to our country, we exult in our poets and philosophers; but what orators are ever mentioned? Or where are the monuments of their genius to be met with? There are found, indeed, in our histories, the names of several who directed the resolutions of our parliament. But neither themselves nor others have taken the pains to preserve their speeches; and the authority which they possessed seems to have been owing to their experience, wisdom, or power, more than to their talents for oratory. At present, there are above half a dozen speakers in the two houses, who, in the judgment of the public, have reached very near the same pitch of eloquence; and no man pretends to give any one the preference above the rest. This seems to me a certain proof that none of them have attained much beyond a mediocrity in their art, and that the species of eloquence which they aspire to, gives no exercise to the sublimer faculties of the mind, but may be reached by ordinary talents and a slight application. A hundred cabinet-makers in London can work a table or a chair equally well; but no one poet can write verses with such spirit and elegance as Mr. Pope.

même. *Ita sunt avidæ et capaces meæ aures*, dit-il, *et semper aliquid immensum, infinitumque desiderant*[1].

4. De toutes les nations polies et lettrées, l'Angleterre est la seule à posséder un gouvernement populaire et à réunir dans son pouvoir législatif des assemblées nombreuses, très certainement sensibles aux prestiges de l'éloquence. Mais en ce genre, de quoi l'Angleterre peut-elle se vanter? Dressons la liste des grands hommes qui ont fait honneur à notre pays: nous nous illustrons par nos poètes et nos philosophes; mais quels orateurs sont jamais mentionnés? Où sont les monuments de leur génie? Nous trouvons bien dans nos histoires les noms de plusieurs personnages qui dirigèrent les résolutions de notre parlement; mais ils n'ont pris garde de conserver leurs discours, leurs contemporains non plus; et l'autorité qui fut la leur semble avoir été un effet de leur expérience, de leur sagesse ou de leur puissance, plus que de leur talents oratoires. Nous avons aujourd'hui plus d'une demi-douzaine d'orateurs dans les deux chambres qui, si l'on en croit le jugement du public, se valent à peu près en matière d'éloquence; et personne ne songe à donner la préférence à l'un plutôt qu'aux autres. Preuve certaine, ce me semble, qu'aucun d'eux n'a porté son art au delà d'une honnête médiocrité et que l'espèce d'éloquence à laquelle tous prétendent ne donne pas d'exercice aux facultés les plus sublimes de l'âme, mais peut s'acquérir avec des talents ordinaires et un peu d'application. Il y a cent ébénistes à Londres également capables de bien faire une table ou une chaise; mais personne ne peut écrire des vers avec autant d'esprit et d'élégance que Pope.

1. « Si exigeantes et insatiables sont mes oreilles, qui réclament toujours quelque chose d'immense et d'infini » (Cicéron, *L'Orateur*, XXIX, 104).

5. We are told that, when Demosthenes was to plead, all ingenious men flocked to Athens from the most remote parts of Greece, as to the most celebrated spectacle of the world[a]. At London, you may see men sauntering in the court of requests, while the most important debate is carrying on in the two houses; and many do not think themselves sufficiently compensated, for the losing of their dinners, by all the eloquence of our most celebrated speakers. When old Cibber is to act, the curiosity of several is more excited than when our prime minister is to defend himself from a motion for his removal or impeachment.

6. Even a person, unacquainted with the noble remains of ancient orators, may judge, from a few strokes, that the style or species of their eloquence was infinitely more sublime than that which modern orators aspire to. How absurd would it appear, in our temperate and calm speakers, to make use of an *Apostrophe*, like that noble one of Demosthenes, so much celebrated by Quintilian and Longinus, when justifying the unsuccessful battle of Chæronea, he breaks out: *No, my Fellow-Citizens. No:*

a. Ne illud quidem intelligunt, non modo ita memoriæ proditum esse, sed ita necesse fuisse, cum Demosthenes dicturus esset, ut concursus, audiendi causa, ex tota Grecia fierent. At cum isti Attici dicunt, non modo a corona (quod est ipsum miserabile) sed etiam ab advocatis relinquuntur. Cicero, *de Claris Oratoribus.*

5. Quand Démosthène devait plaider, on raconte que, des parties les plus éloignées de la Grèce, tous les gens d'esprit accouraient en foule à Athènes, comme au plus fameux spectacle du monde[a]. À Londres, vous verrez des gens déambuler à la Cour des Requêtes[1], tandis qu'un débat de la plus grande importance se poursuit dans les deux chambres; et beaucoup ne s'estiment pas assez payés de manquer leur dîner, par toute l'éloquence de nos orateurs les plus fameux. Quand le vieux Cibber doit passer sur scène[2], il attire plus la curiosité du public que lorsque notre premier ministre doit se défendre d'une motion de censure ou d'empêchement.

6. Il n'est pas besoin d'être versé dans les nobles écrits qui nous restent des anciens orateurs – un ou deux traits suffisent – pour se convaincre que le style et le genre de leur éloquence étaient infiniment plus sublimes que ceux auxquels aspirent les orateurs modernes. Ne crierait-on pas à l'extravagance, si l'un de nos orateurs calmes et modérés s'avisait d'imiter la noble *apostrophe* d'un Démosthène, tant célébrée par Quintilien et Longin, quand pour justifier la malheureuse bataille de Chéronée, il s'écrie: « Non, mes chers Concitoyens, non!

---

a. « Ils n'arrivent même pas à comprendre une chose qui non seulement est connue par l'histoire, mais qui ne pouvait manquer de se produire: quand Démosthène devait parler, on accourait pour l'entendre de toute la Grèce. Mais ces Attiques, quand ils parlent, non seulement le cercle des curieux s'en détourne, ce qui est déjà pitoyable, mais ceux-là mêmes encore qui sont venus assister leur client » (*Brutus*, LXXXIV, 289). Hume renvoie à une édition latine de 1716, Cicero, *Liber de claris oratoribus* (Oxonii), qui comprend, outre le *Brutus*, plusieurs textes de Cicéron touchant la rhétorique.

1. Les Cours des Requêtes étaient des tribunaux locaux chargés de traiter des petites dettes.

2. Colley Cibber (1671-1757), auteur dramaturgique et acteur réputé.

*you have not erred. I swear by the manes of those heroes, who fought for the same cause in the plains of Marathon and Platæa.* Who could now endure such a bold and poetical figure, as that which Cicero employs, after describing in the most tragical terms the crucifixion of a Roman citizen. *Should I paint the horrors of this scene, not to Roman citizens, not to the allies of our state, not to those who have ever heard of the Roman Name, not even to men, but to brute-creatures; or, to go further, should I lift up my voice in the most desolate solitude, to the rocks and mountains, yet should I surely see those rude and inanimate parts of nature moved with horror and indignation at the recital of so enormous an action.* With what a blaze of eloquence must such a sentence be surrounded to give it grace, or cause it to make any impression on the hearers! And what noble art and sublime talents are requisite to arrive, by just degrees, at a sentiment so bold and excessive! To inflame the audience, so as to make them accompany the speaker in such violent passions, and such elevated conceptions; and to conceal, under a torrent of eloquence, the artifice, by which all this is effectuated! Should this sentiment even appear to us

Vous n'avez point commis de faute ! Je le jure sur les mânes de
ces héros qui combattirent pour la même cause dans les plaines
de Marathon et de Platée » [1]. Qui pourrait aujourd'hui souffrir
une figure aussi audacieuse et poétique que celle que Cicéron
emploie, après avoir décrit dans les termes les plus tragiques la
crucifixion d'un citoyen romain. « Si je devais peindre les
horreurs de cette scène, je ne dis pas à des citoyens romains,
je ne dis pas à des alliés de notre État, je ne dis pas à ceux qui
ont pu entendre le nom de Rome, ni même à des créatures
humaines, mais à des bêtes brutes ; que dis-je, si je devais faire
entendre ma voix, dans les solitudes les plus désolées, aux
rochers et aux montagnes, alors, j'en suis sûr, je verrais ces
parties rudes et inanimées de la nature s'émouvoir, s'emplir
d'horreur et d'indignation au récit d'une action aussi noire » [2].
De quelle flambée d'éloquence fallait-il que ce discours
s'enveloppât pour se rendre agréable ou faire impression sur
les auditeurs ? Et quel art supérieur, quels talents sublimes
fallait-il pour s'élever, par de justes degrés, à un sentiment
aussi fort et excessif, pour enflammer l'auditoire et lui faire
partager des passions aussi violentes ou des conceptions aussi
élevées, et pour cacher enfin sous un torrent d'éloquence
l'artifice qui était à l'œuvre ! Ce sentiment dût-il nous paraître

---

1. Démosthène, *Sur la couronne*, § 208 ; voir Quintilien, *L'Institution
oratoire*, livre 9, chap. 2, § 62, et Longin, *Du Sublime*, XVI, 2.

2. Voici le passage original : « Quod si hæc non ad cives Romanos, non ad
aliquos amicos nostræ civitatis, non ad eos qui populi Romani nomen audis-
sent ; denique, si non ad homines, verum ad bestias ; aut etiam, ut longius pro-
grediar, si in aliqua desertissima solitudine, ad saxa et ad scopulos hæc conqueri
et deplorare vellem, tamen omnia muta atque inanima, tanta et tam indigna
rerum atrocitate commoverentur » (Cicéron, *Seconde action contre Verrès*,
livre 5, chap. 67).

excessive, as perhaps it justly may, it will at least serve to give an idea of the style of ancient eloquence, where such swelling expressions were not rejected as wholly monstrous and gigantic.

7. Suitable to this vehemence of thought and expression, was the vehemence of action, observed in the ancient orators. The *supplosio pedis*, or stamping with the foot, was one of the most usual and moderate gestures which they made use of[b]; though that is now esteemed too violent, either for the senate, bar, or pulpit, and is only admitted into the theatre, to accompany the most violent passions which are there represented.

8. One is somewhat at a loss to what cause we may ascribe so sensible a decline of eloquence in latter ages. The genius of mankind, at all times, is, perhaps, equal: the moderns have applied themselves, with great industry and success, to all the other arts and sciences: And a learned nation possesses a popular government; a circumstance which seems requisite for the full display of these noble talents. But notwithstanding all these advantages, our progress in eloquence is very inconsiderable, in comparison of the advances which we have made in all other parts of learning.

9. Shall we assert that the strains of ancient eloquence are unsuitable to our age and ought not to be imitated by modern

b. Ubi dolor? Ubi ardor animi, qui etiam ex infantium ingeniis elicere voces et querelas solet? nulla perturbatio animi, nulla corporis: frons non percussa, non femur; pedis (quod minimum est) nulla supplosio. Itaque tantum abfuit ut inflammares nostros animos; somnum isto loco vix tenebamus. Cicero *de Claris Oratoribus*.

excessif, et peut-être le doit-il, du moins servira-t-il à donner une idée du style de l'ancienne éloquence où des expressions aussi outrées n'étaient point rejetées comme totalement monstrueuses et démesurées.

7. Chez les orateurs anciens, cette véhémence de la pensée et de l'expression allait de pair avec la véhémence de l'action. La *supplosio pedis*, le martèlement du pied, était un des gestes les plus habituels et les plus modérés dont il était fait usage[b]; aujourd'hui, il est vrai, on la juge trop violente pour être acceptée au sénat, au barreau ou en chaire; on ne la tolère qu'au théâtre, pour accompagner les plus violentes passions qui y sont représentées.

8. Il n'est pas facile de déterminer les causes qui dans les derniers temps ont produit ce déclin si sensible de l'éloquence. Le génie des hommes semble égal à toutes les époques: les modernes se sont adonnés avec beaucoup d'application et de succès à tous les autres arts et toutes les autres sciences; et voici une nation lettrée qui jouit d'un gouvernement populaire, circonstance qui semble requise pour le plein épanouissement de ces nobles talents. Mais malgré tous ces avantages, nos progrès dans l'éloquence ne sont rien en comparaison des avancées que nous avons faites dans toutes les autres branches de la connaissance.

9. Dirons-nous que les accents de l'ancienne éloquence ne conviennent pas à notre âge et que les orateurs modernes ne

b. «Où est cette émotion, ou est ce mouvement violent de l'âme qui même aux tempéraments les moins prompts à s'exprimer arrachent des cris et des plaintes? Chez toi, aucune agitation, ni de l'esprit ni du corps; pas de claques sur le front, sur les cuisses; pas même, ce qui est le moins qu'on puisse faire, de trépignement des pieds! Tu étais si loin d'enflammer nos esprits que nous avions peine à nous retenir de dormir» (*Brutus*, LXXX, 278).

orators? Whatever reasons may be made use of to prove this, I am persuaded they will be found, upon examination, to be unsound and unsatisfactory.

10. First, It may be said, that, in ancient times, during the flourishing period of Greek and Roman learning, the municipal laws, in every state, were but few and simple, and the decision of causes, was, in a great measure, left to the equity and common sense of the judges. The study of the laws was not then a laborious occupation, requiring the drudgery of a whole life to finish it, and incompatible with every other study or profession. The great statesmen and generals among the Romans were all lawyers; and Cicero, to show the facility of acquiring this science, declares that, in the midst of all his occupations, he would undertake, in a few days, to make himself a complete civilian. Now, where a pleader addresses himself to the equity of his judges, he has much more room to display his eloquence, than where he must draw his arguments from strict laws, statutes, and precedents. In the former case, many circumstances must be taken in, many personal considerations regarded, and even favour and inclination, which it belongs to the orator, by his art and eloquence, to conciliate, may be disguised under the appearance of equity. But how shall a modern lawyer have leisure to quit his toilsome occupations, in order to gather the flowers of Parnassus? Or what opportunity shall he have of displaying them, amidst the rigid and subtle arguments,

doivent pas l'imiter? Mais je suis persuadé que toutes les raisons qu'on voudra bien avancer pour prouver cela, s'avéreront à l'examen sans fondement ni justification.

10. On dira premièrement que dans l'antiquité, au moment où fleurit la connaissance chez les Grecs et les Romains, il n'y avait dans chaque État que peu de lois municipales[1], fort simples, et que la décision des causes dépendait presque entièrement de l'équité et du sens commun des juges. L'étude des lois n'était pas alors une occupation pénible dont la poursuite exigeât toute une vie de forçat et qui fût incompatible avec d'autres études ou d'autres professions. Les grands hommes d'État et les généraux étaient tous à Rome versés dans le droit; et pour montrer combien il est facile d'acquérir cette science, Cicéron déclare que, sans renoncer à aucune de ses occupations, il se fait fort de devenir en peu de jours un civiliste accompli. Or, quand un plaideur s'adresse à l'équité de ses juges, il a beaucoup plus d'occasion de déployer son éloquence que lorsqu'il doit tirer ses arguments de la rigueur des lois, des statuts[2] et des décisions qui font jurisprudence. Dans le premier cas, maintes circonstances peuvent être introduites, maintes considérations personnelles prises en compte; la faveur et les bonnes grâces que l'orateur doit se concilier par son art et son éloquence, cela même peut se déguiser sous les apparences de l'équité. Mais comment un homme de loi moderne aura-t-il le loisir de quitter ses pénibles occupations pour cueillir les fleurs du Parnasse? Quelle occasion aura-t-il de les répandre parmi ces arguments rigoureux et subtils, ces

1. C'est-à-dire, les lois concernant les affaires intérieures de l'État, par opposition à tout ce qui concerne les affaires extérieures.
2. Actes du Parlement, votés par les deux chambres et ratifiés par le souverain.

objections, and replies, which he is obliged to make use of? The greatest genius, and greatest orator, who should pretend to plead before the Chancellor, after a month's study of the laws, would only labour to make himself ridiculous.

11. I am ready to own, that this circumstance, of the multiplicity and intricacy of laws, is a discouragement to eloquence in modern times; but I assert that it will not entirely account for the decline of that noble art. It may banish oratory from Westminster Hall, but not from either house of parliament. Among the Athenians, the Areopagites expressly forbad all allurements of eloquence; and some have pretended that in the Greek orations, written in the *judiciary* form, there is not so bold and rhetorical a style as appears in the Roman. But to what a pitch did the Athenians carry their eloquence in the *deliberative* kind, when affairs of state were canvassed, and the liberty, happiness, and honour of the republic were the subject of debate! Disputes of this nature elevate the genius above all others, and give the fullest scope to eloquence; and such disputes are very frequent in this nation.

12. Secondly, it may be pretended that the decline of eloquence is owing to the superior good sense of the moderns, who reject with disdain all those rhetorical tricks, employed to seduce the judges, and will admit of nothing but solid argument in any debate or deliberation. If a man be accused of murder, the fact must be proved by witnesses and

objections et répliques, dont il est obligé de faire usage ? Le génie le plus grand, l'orateur le plus éloquent, qui après un mois d'étude consacré aux lois s'aviserait de plaider devant le Chancelier[1], ne gagnerait que de se rendre ridicule.

11. Si je suis prêt à reconnaître que cette circonstance de la multiplicité et de la complexité des lois est de nature à décourager l'éloquence dans les temps modernes, j'affirme cependant que ce n'est pas la seule raison du déclin de ce grand art. Cela peut bannir l'art oratoire de Westminster Hall[2], mais ne le chasse pas de l'une ou l'autre Chambre du Parlement. Chez les Athéniens, les Aréopagites avaient expressément proscrit de leur cour toutes les séductions de l'éloquence[3]. Et certains ont prétendu que les discours grecs, écrits dans la forme *judiciaire*, n'ont pas ce style hardi et rhétorique qui brille chez les Romains. Mais à quels sommets les Athéniens ne portèrent-ils pas leur éloquence dans le genre *délibératif*, quand les affaires de l'État étaient examinées et que la liberté, le bonheur et l'honneur de la république, étaient le sujet du débat ? Les disputes de cette nature élèvent le génie au dessus de la foule et ouvre à l'éloquence une immense carrière ; or de telles disputes ne manquent pas aujourd'hui dans notre nation.

12. Peut-être, en second lieu, voudra-t-on attribuer ce déclin de l'éloquence au bon sens supérieur des modernes, qui rejettent avec mépris tous ces artifices rhétoriques, destinés à séduire les juges, pour n'accepter que de solides arguments dans les débats ou dans les délibérations. Si un homme est accusé de meurtre, le fait doit être établi par des témoignages et

1. Premier juge de la cour de la Chancellerie, le Chancelier avait le droit au nom du roi de rendre la justice en équité.

2. Westminster-Hall à Londres abritait les cours de justice.

3. L'Aréopage faisait fonction de tribunal suprême à Athènes.

evidence; and the laws will afterwards determine the punishment of the criminal. It would be ridiculous to describe, in
strong colours, the horror and cruelty of the action; to intro-
duce the relations of the dead; and, at a signal, make them
throw themselves at the feet of the judges, imploring justice
with tears and lamentations: And still more ridiculous would
it be, to employ a picture representing the bloody deed, in
order to move the judges by the display of so tragical a spectacle, though we know that this artifice was sometimes
practised by the pleaders of old[c]. Now, banish the pathetic
from public discourses, and you reduce the speakers merely to
modern eloquence; that is, to good sense, delivered in proper
expression.

13. Perhaps it may be acknowledged, that our modern
customs, or our superior good sense, if you will, should make
our orators more cautious and reserved than the ancient, in
attempting to inflame the passions, or elevate the imagination
of their audience. But I see no reason why it should make them
despair absolutely of succeeding in that attempt. It should
make them redouble their art, not abandon it entirely. The
ancient orators seem also to have been on their guard against
this jealousy of their audience; but they took a different way
of eluding it[d]. They hurried away with such a torrent of
sublime and pathetic, that they left their hearers no leisure
to perceive the artifice by which they were deceived. Nay,
to consider the matter aright, they were not deceived by
any artifice. The orator, by the force of his own genius and

c. Quintil. lib. VI. cap. I.
d. Longinus, cap. 15.

des preuves évidentes ; les lois détermineront ensuite la peine du criminel. Il serait ridicule de vouloir décrire sous de fortes couleurs l'horreur et la cruauté de l'action, ou de faire paraître les parents du défunt pour que, à un signal donné, ils se jettent au pied des juges et implorent justice avec des pleurs et des lamentations. Il serait encore plus ridicule d'exposer un tableau représentant le sanglant forfait, de manière à émouvoir les juges par la peinture d'un spectacle aussi tragique. Et nous savons que cet artifice était parfois employé par les plaideurs, dans l'Antiquité[c]. Or, si vous ôtez le pathétique des discours publics, vous ramenez les orateurs à l'éloquence moderne, c'est-à-dire au bon sens rendu par de justes expressions.

13. Il se peut qu'il y ait du vrai dans cette réflexion ; peut-être, nos mœurs modernes ou, si vous le voulez, notre bon sens supérieur incite-t-il nos orateurs à plus de précaution et de réserve que les anciens, quand il s'agit d'enflammer les passions de l'auditoire et d'exalter son imagination. Mais je ne vois pas pourquoi ils devraient pour cela abandonner toute espérance de succès dans une pareille tentative. Loin de renoncer totalement à leur art, ils devraient en redoubler. Les orateurs de l'Antiquité semblent aussi s'être souciés d'un telle réaction de la part de leur auditoire ; mais ils ont suivi une voie toute autre pour y parer[d]. Ils emportaient tout dans un tel torrent de sublime et de pathétique qu'ils ne laissaient aucun répit à leurs auditeurs, qui leur laissât le temps de percevoir l'artifice par lequel ils étaient trompés. Que dis-je ! Si l'on considère bien les choses, il n'y avait même pas d'artifice pour les abuser. L'orateur, par la force de son propre génie et de

---

c. Quintilien, *De l'institution oratoire*, livre VI, 1, 32.
d. Longin, *Du sublime*, XV, 8-9.

eloquence, first inflamed himself with anger, indignation, pity, sorrow; and then communicated those impetuous movements to his audience.

14. Does any man pretend to have more good sense than Julius Cæsar? Yet that haughty conqueror, we know, was so subdued by the charms of Cicero's eloquence, that he was, in a manner, constrained to change his settled purpose and resolution, and to absolve a criminal whom, before that orator pleaded, he was determined to condemn.

15. Some objections, I own, notwithstanding his vast success, may lie against some passages of the Roman orator. He is too florid and rhetorical; his figures are too striking and palpable; the divisions of his discourse are drawn chiefly from the rules of the schools; and his wit disdains not always the artifice even of a pun, rhyme, or jingle of words. The Grecian addressed himself to an audience much less refined than the Roman senate or judges. The lowest vulgar of Athens were his sovereigns, and the arbiters of his eloquence[e]. Yet is his manner

e. The orators formed the taste of the Athenian people, not the people of the orators. Gorgias Leontinus was very taking with them, till they became acquainted with a better manner. His figures of speech, says Diodorus Siculus, his antithesis, his ἰσόκωλον his ὁμοιοτέλευτον, which are now despised, had a great effect upon the audience. Lib. XII. page 106. ex editione Rhod. It

son éloquence, commençait par s'enflammer lui-même et par se prendre de colère, d'indignation, de pitié, d'affliction ; il communiquait ensuite ces mouvements impétueux à son auditoire.

14. Peut-on prétendre avoir plus de bon sens que Jules César ? Et pourtant, nous le savons, ce fier conquérant fut à ce point subjugué par les charmes de l'éloquence de Cicéron qu'il fut en quelque manière forcé de modifier son dessein et sa résolution initiale, et d'absoudre un criminel qu'il était déterminé à condamner, avant que d'entendre le plaidoyer de l'orateur [1].

15. Je l'avoue, malgré son immense succès, l'orateur romain a des passages auxquels on peut trouver à redire. Il est souvent trop fleuri et trop rhétorique ; ses figures sont trop frappantes et trop manifestes. Les divisions de son discours sentent les règles qu'on donne dans les écoles ; et pour faire de l'esprit il ne dédaigne pas toujours les calembours, les petites rimes et le tintement des mots. L'orateur grec s'adressait à un auditoire beaucoup moins raffiné que les sénateurs ou les juges romains. Son souverain, c'était la populace d'Athènes, véritable arbitre de son éloquence [e]. Et pourtant sa manière est

e. Les orateurs formaient le goût du peuple Athénien, et non point l'inverse. Gorgias de Leontium exerça beaucoup d'attrait sur le peuple, jusqu'à ce que ce dernier connût une meilleure manière. Ses figures oratoires, dit Diodore de Sicile, l'antithèse, l'ἰσόκωλον [isocolie : expression composée de membres égaux], l'ὁμοιοτέλευτον [homéoteleute : même finale des mots en fin de diverses phrases] toutes figures aujourd'hui méprisées, avaient un grand effet sur l'auditoire [Diodore de Sicile, *Bibliothèque historique*, XII, 53, 2-4]. Il

1. Cicéron, en 45, fit un discours devant César pour défendre le roi Deiotarus de Galatée, qui avait été accusé de comploter contre lui. Plutôt que de condamner Deiotarus, César suspendit son jugement, afin de s'informer lui-même de l'affaire sur place.

more chaste and austere than that of the other. Could it be copied, its success would be infallible over a modern assembly. It is rapid harmony, exactly adjusted to the sense; it is vehement reasoning, without any appearance of art; it is disdain, anger, boldness, freedom, involved in a continued stream of argument: And of all human productions, the orations of Demosthenes present to us the models, which approach the nearest to perfection.

16. Thirdly, It may be pretended that the disorders of the ancient governments, and the enormous crimes of which the citizens were often guilty, afforded much ampler matter for eloquence than can be met with among the moderns. Were there no Verres or Catiline, there would be no Cicero. But that this reason can have no great influence, is evident. It would be easy to find a Philip in modern times; but where shall we find a Demosthenes?

17. What remains, then, but that we lay the blame on the want of genius, or of judgment in our speakers, who either found themselves incapable of reaching the heights of ancient eloquence, or rejected all such endeavours, as unsuitable to the spirit of modern assemblies? A few successful attempts of this nature might rouse the genius of the nation, excite the emulation of the youth, and accustom our ears to a more sublime and more pathetic elocution, than what we have been hitherto entertained with. There

is in vain therefore for modern orators to plead the taste of their hearers as an apology for their lame performances. It would be strange prejudice in favour of antiquity, not to allow a British parliament to be naturally superior in judgment and delicacy to an Athenian mob.

plus châtiée et plus austère que celle de l'orateur latin. S'il était possible de la copier, elle réussirait infailliblement sur une assemblée moderne. C'est une rapide harmonie, exactement assortie au sens ; c'est un raisonnement véhément où rien ne paraît apprêté ; c'est le dédain, c'est la colère, l'audace, l'esprit de liberté, roulés par le flot continu de l'argumentation. Et de toutes les productions humaines, nulle n'offre un modèle plus proche de la perfection que les discours de Démosthène.

16. Peut-être, en troisième lieu, dira-t-on que les désordres qui affectaient les anciens gouvernements et les terribles crimes dont les citoyens se rendaient souvent coupables, offraient à l'éloquence une matière bien plus vaste qu'il ne s'en trouve aujourd'hui chez les modernes. S'il n'y avait eu un Verrès ou un Catilina, il n'y aurait pas eu de Cicéron. Mais il est facile de voir le peu de poids d'une telle raison. On n'aurait pas de peine à trouver dans les temps modernes un Philippe ; mais où trouver un Démosthène ?

17. Il ne reste donc qu'à accuser le manque de génie ou le manque de jugement dans nos orateurs : soit ils se sont montrés incapables d'atteindre les sommets de l'éloquence antique, soit ils ont renoncé à s'y essayer sous le prétexte que cela ne convenait pas à l'esprit des assemblées modernes. Peut-être ne faudrait-il que quelques essais réussis de cette sorte pour éveiller le génie de la nation, exciter l'émulation de la jeunesse et habituer nos oreilles à une élocution plus sublime et plus pathétique que celle dont on nous a gratifiés jusqu'à présent. Il

est donc vain de la part de nos modernes orateurs d'en appeler au goût de leurs auditeurs, pour excuser leurs piètres productions. Il faudrait un bien étrange préjugé en faveur de l'Antiquité pour ne pas reconnaître qu'en matière de jugement et de finesse le Parlement britannique est naturellement supérieur à la populace athénienne.

is certainly something accidental in the first rise and the progress of the arts in any nation. I doubt whether a very satisfactory reason can be given why ancient Rome, though it received all its refinements from Greece, could attain only to a relish for statuary, painting and architecture, without reaching the practice of these arts; while modern Rome has been excited by a few remains found among the ruins of antiquity and has produced artists of the greatest eminence and distinction. Had such a cultivated genius for oratory as Waller's for poetry arisen, during the civil wars, when liberty began to be fully established, and popular assemblies to enter into all the most material points of government, I am persuaded so illustrious an example would have given a quite different turn to British eloquence, and made us reach the perfection of the ancient model. Our orators would then have done honour to their country, as well as our poets, geometers, and philosophers, and British Ciceros have appeared, as well as British Archimedeses and Virgils [1].

1. *1742 to 1768 editions proceed*: I have confessed that there is something accidental in the origin and progress of the arts in any nation; and yet I cannot forbear thinking, that if the other learned and polite nations of Europe had possessed the same advantages of a popular government, they would probably have carried eloquence to a greater height than it has yet reached in Britain. The French sermons, especially those of Flechier and Bossuet, are much superior to

y a certainement quelque chose d'accidentel dans la première origine et dans le progrès des arts au sein d'une nation. Je doute qu'on trouve jamais une raison propre à expliquer pourquoi l'ancienne Rome qui reçut tous ses raffinements de la Grèce, n'a jamais réussi qu'à montrer du goût pour la sculpture, la peinture et l'architecture, sans parvenir à la pratique de ces arts, alors que la Rome moderne, éveillée par quelques restes trouvés dans les ruines de l'antiquité, a produit des artistes de la plus grande valeur et de la plus grande distinction. Supposons qu'un aussi beau génie que Waller, un génie formé à l'art oratoire comme celui-ci l'était à la poésie[1], eût paru lors des guerres civiles, tandis que la liberté commençait à s'établir fermement et que les assemblées populaires s'ingéraient dans toutes les questions essentielles du gouvernement ; je suis persuadé qu'un exemple aussi illustre aurait donné un tour tout différent à l'éloquence britannique et nous aurait fait atteindre la perfection du modèle antique. Nos orateurs auraient alors fait honneur à leur pays, autant que nos poètes, nos géomètres et nos philosophes ; la Grande-Bretagne aurait eu ses Cicérons, aussi bien que ses Archimèdes et ses Virgiles[2].

1. Edmund Waller (1606-1687) homme politique et poète très célébré au XVIIe et XVIIIe siècles.

2. *Les éditions de 1742 et 1748 disent* : ses Platons et ses Virgiles. *Les éditions de 1753-1754 à 1768 disent* : ses Plutarques et ses Virgiles.

*Les éditions de 1742 à 1768 poursuivent ainsi* : Je viens d'avouer qu'il y a quelque chose d'accidentel dans l'origine et le progrès des arts, et cela en toute nation ; cependant je ne peux m'empêcher de penser que si les autres nations savantes et policées d'Europe avaient joui comme nous des avantages d'un gouvernement populaire, elles auraient probablement porté l'éloquence à un point plus élevé que le nôtre en Grande-Bretagne. Les sermons français, notamment ceux de Fléchier et de Bossuet, sont bien supérieurs à tout ce qui s'entend

18. It is seldom or never found, when a false taste in poetry or eloquence prevails among any people, that it has been preferred to a true, upon comparison and reflection. It commonly prevails merely from ignorance of the true, and from the want of perfect models, to lead men into a juster apprehension, and more refined relish of those productions of genius. When *these* appear, they soon unite all suffrages in

the English in this particular; and in both these authors are found many strokes of the most sublime poetry. None but private causes, in that country, are ever debated before their parliaments or courts of judicature; but notwithstanding this disadvantage, there appears a spirit of eloquence in many of their lawyers, which, with proper cultivation and encouragement, might rise to the greatest height. The pleadings of Patru are very elegant, and give us room to imagine what so fine a genius could have performed in questions concerning public liberty or slavery, peace or war, who exerts himself with such success in debates concerning the price of an old horse, or a gossiping story of a quarrel between an abbess and her nuns. For it is remarkable, that this polite writer, though esteemed by all the men of wit in his time, was never employed in the most considerable causes of their courts of judicature, but lived and died in poverty, from an ancient prejudice industriously propagated by the dunces in all countries, *That a man of genius is unfit for business.* The disorders produced by the factions against cardinal Mazarine, made the parliament of Paris enter into the discussion of public affairs, and during that short interval, there appeared many symptoms of the revival of ancient eloquence. The *avocat general* Talon, in an oration, invoked on his knees the spirit of St. Louis to look down with compassion on his divided and unhappy people, and to inspire them, from above, with the love of concord and unanimity. The members of the French academy have attempted to give us models of eloquence in their harangues at their admittance. But, having no subject to discourse upon, they have run altogether into a fulsome strain of panegyric and flattery, the most barren of all subjects.

18. Lorsque dans une nation le mauvais goût l'emporte chez les hommes, en poésie ou en éloquence, il est rare – peut-être n'est-ce jamais – qu'ils l'aient préféré par comparaison ou par réflexion. Le mauvais goût ne doit d'ordinaire son succès qu'à l'ignorance du bon goût et à l'absence de modèles assez parfaits pour mener à une plus juste appréhension et à une appréciation plus fine des productions de génie. *Ces modèles* n'ont qu'à paraître, ils réunissent bientôt tous les suffrages en

en ce genre en Angleterre; et chez ces deux auteurs, on trouve des traits nombreux de la plus sublime poésie. Dans ce pays, seules les causes des particuliers sont débattues devant les parlements ou les cours de justice; mais, malgré ce désavantage, beaucoup d'avocats montrent un sens de l'éloquence qui, dûment cultivé et encouragé, pourrait s'élever aux sommets les plus hauts. Les plaidoiries de Patru [1604-1681, avocat et académicien] ont beaucoup d'élégance et nous laissent imaginer ce qu'un génie si fin aurait donné sur les questions de la liberté publique ou de l'esclavage, de la paix ou de la guerre, lui qui pratique avec un tel succès dans des débats portant sur le prix d'un vieux cheval ou sur des commérages relatant la dispute entre une abbesse et ses nonnes. Car il est remarquable que cet écrivain distingué, bien qu'estimé par tous les gens d'esprit de son temps, ne fut jamais employé sur aucune cause très considérable devant les cours de justice, mais vécut et mourut dans la pauvreté – effet de l'antique préjugé, propagé avec zèle par les imbéciles de toutes les nations, *qu'un homme de génie n'est pas fait pour les affaires*. Les désordres qu'engendrèrent les factions fomentées contre le Cardinal Mazarin obligèrent le Parlement de Paris à entrer dans la discussion des affaires publiques; et pendant ce bref intervalle, l'antique éloquence sembla vouloir revivre. L'*avocat général* Talon, au milieu d'une harangue, invoqua à genoux l'esprit de Saint-Louis, le priant de jeter un regard de compassion sur son malheureux peuple divisé et de lui inspirer, d'en haut, l'amour de la concorde et de la réconciliation (voir les *Mémoires* du Cardinal de Retz). Les membres de l'Académie Française ont essayé de nous proposer des modèles d'éloquence dans leurs discours de réception. Mais n'ayant rien sur quoi discourir, ils ont donné à n'en plus finir dans le panégyrique et la flatterie, ce qui est le plus stérile de tous les sujets.

their favour and, by their natural and powerful charms, gain over even the most prejudiced to the love and admiration of them. The principles of every passion, and of every sentiment, are in every man; and when touched properly, they rise to life and warm the heart, and convey that satisfaction by which a work of genius is distinguished from the adulterate beauties of a capricious wit and fancy. And if this observation be true, with

Their style, however, is commonly, on these occasions, very elevated and sublime, and might reach the greatest heights, were it employed on a subject more favourable and engaging.

There are some circumstances, I confess, in the English temper and genius, which are disadvantageous to the progress of eloquence, and render all attempts of that kind more dangerous and difficult among them than among any other nation. The English are conspicuous for *good-sense*, which makes them very jealous of any attempts to deceive them by the flowers of rhetoric and elocution. They are also peculiarly modest; which makes them consider it as a piece of arrogance to offer any thing but reason to public assemblies, or attempt to guide them by passion or fancy. I may, perhaps, be allowed to add that the people in general are not remarkable for delicacy of taste, or for sensibility to the charms of the muses. Their *musical parts*, to use the expression of a noble author, are but indifferent. Hence their comic poets, to move them, must have recourse to obscenity; their tragic poets to blood and slaughter. And hence their orators, being deprived of any such resource, have abandoned altogether the hopes of moving them, and have confined themselves to plain argument and reasoning.

These circumstances, joined to particular accidents, may, perhaps, have retarded the growth of eloquence in this kingdom; but will not be able to prevent its success, if ever it appear amongst us: And one may safely pronounce that this is a field in which the most flourishing laurels may yet be gathered, if any youth of accomplished genius, thoroughly acquainted with all the polite arts, and not ignorant of public business, should appear in parliament, and accustom our ears to an eloquence more commanding and pathetic. And to confirm me in this opinion, there occur two considerations, the one derived from ancient, the other from modern times.

leur faveur; et par la puissance de leurs charmes naturels ils
se gagnent l'amour et l'admiration même des plus prévenus.
Toute passion, tout sentiment, a son principe en tout homme;
si ce principe est touché comme il faut, il s'anime, il échauffe
le cœur et procure ce contentement par lequel une œuvre de
génie se distingue des beautés factices du bel esprit et d'une
fantaisie capricieuse. Et si cette observation est juste pour

Toutefois, leur style est ordinairement, à cette occasion, très élevé et sublime, et
pourrait atteindre les plus grands sommets, s'il était employé sur des sujets plus
favorables et plus attrayants.

Il y a, je l'avoue, dans le tempérament et le génie anglais, certains traits qui
sont contraires au progrès de l'éloquence et qui rendent toutes les tentatives
qu'on peut faire plus dangereuses et plus difficiles ici qu'ailleurs. Les Anglais
se distinguent par leur *bon sens*, bon sens qui leur inspire de la suspicion contre
toute tentative pour les éblouir à renfort de rhétorique et d'élocution. Ils sont
aussi particulièrement modestes, et c'est pour eux une marque d'arrogance que
d'offrir aux assemblées publiques autre chose que des raisons et de tenter de les
guider par les passions ou par l'imagination. On me permettra peut-être d'ajouter que, généralement parlant, ils ne se distinguent pas par la délicatesse de leur
goût ni par une grande sensibilité aux charmes des muses. *Leurs partitions
musicales*, pour employer l'expression d'un noble auteur, ne sont qu'indiffé-
rentes. Pour les toucher, leurs poètes comiques n'ont de ressource que les
obscénités; leurs poètes tragiques que le sang et le meurtre. Et comme leurs
orateurs sont privés de ces moyens, ils ont renoncé à les émouvoir et s'en sont
tenus à la simple argumentation et au pur raisonnement.

Ces circonstances, jointes à d'autres accidents particuliers, ont peut-être
retardé le développement de l'éloquence en ce royaume, mais elles ne l'empê-
cheront pas d'y réussir, si jamais elle vient à éclore parmi nous. Et on peut
déclarer avec assurance que c'est un champ où peuvent encore être recueillis les
plus insignes lauriers qui attendent quelque jeune homme, d'un génie accompli,
familier des beaux-arts, suffisamment instruit des affaires publiques, se levant
au Parlement et habituant nos oreilles à une éloquence plus imposante et plus
émouvante. Deux raisons me confirment dans cette opinion, l'une prise de
l'Antiquité, l'autre des temps modernes.

regard to all the liberal arts, it must be peculiarly so, with regard to eloquence; which, being merely calculated for the public, and for men of the world, cannot, with any pretence of reason, appeal from the people to more refined judges, but must submit to the public verdict, without reserve or limitation. Whoever, upon comparison, is deemed by a common audience the greatest orator, ought most certainly to be pronounced such by men of science and erudition. And though an indifferent speaker may triumph for a long time, and be esteemed altogether perfect by the vulgar, who are satisfied with his accomplishments, and know not in what he is defective, yet, whenever the true genius arises, he draws to him the attention of every one, and immediately appears superior to his rival.

19. Now, to judge by this rule, ancient eloquence, that is, the sublime and passionate, is of a much juster taste than the modern, or the argumentative and rational; and, if properly executed, will always have more command and authority over mankind. We are satisfied with our mediocrity, because we have had no experience of any thing better; but the ancients had experience of both, and, upon comparison, gave the preference to that kind of which they have left us such applauded models. For, if I mistake not, our modern eloquence is of the same style or species with that which ancient critics denominated *Attic* eloquence, that is, calm, elegant, and subtle, which instructed the reason more than affected the passions, and never raised its tone above argument or common discourse. Such was the eloquence of Lysias among the Athenians and of Calvus among the Romans. These were esteemed in their time; but when compared with Demosthenes and Cicero, were eclipsed like a

tous les arts libéraux, à plus forte raison l'est-elle pour l'éloquence; laquelle, n'étant faite que pour le public et pour le monde, ne peut, sous couleur de raison, en appeler du jugement populaire auprès de juges plus raffinés, mais doit se soumettre sans réserve ni restriction au verdict public. L'orateur que par comparaison les applaudissements du peuple consacrent comme le plus grand, il faut très certainement que les savants et les doctes le déclarent comme étant le plus grand. Et si pour un temps quelque orateur médiocre triomphe et passe pour parfait auprès du vulgaire, qui se contente de ce qu'il vaut sans savoir où sont ses faiblesses, il suffit que le vrai génie paraisse pour s'attirer l'attention générale et éclipser immédiatement ce rival.

19. Or, si l'on en juge par cette règle, l'ancienne éloquence, je veux dire l'éloquence sublime et passionnée, est d'un goût bien plus juste que l'éloquence moderne, qui est argumentative et rationnelle; et pratiquée comme il faut, elle aura toujours davantage d'ascendant et d'autorité sur les hommes. Nous nous satisfaisons de notre médiocrité, parce que nous ne connaissons rien de meilleur; mais les anciens eurent l'expérience des deux éloquences et, pouvant comparer, ils donnèrent la préférence à l'espèce dont ils nous ont laissé des modèles si fortement applaudis. Car, si je ne m'abuse, notre éloquence moderne est du même style et de la même espèce que celle que les critiques de l'Antiquité avaient appelé l'éloquence *attique*, de nature calme, élégante et subtile, qui instruisait plus la raison qu'elle n'affectait les passions et qui n'élevait jamais le ton plus haut qu'il ne convenait au raisonnement ou au discours ordinaire. Telle était l'éloquence de Lysias chez les Athéniens et de Calvus chez les Romains. Ils furent tenus en grande estime par leur temps; mais comparés à Démosthène et Cicéron, ils pâlirent comme la lumière d'un

taper when set in the rays of a meridian sun. Those latter orators possessed the same elegance, and subtlety, and force of argument, with the former; but what rendered them chiefly admirable, was that pathetic and sublime which, on proper occasions, they threw into their discourse, and by which they commanded the resolution of their audience.

20. Of this species of eloquence we have scarcely had any instance in England, at least in our public speakers. In our writers, we have had some instances which have met with great applause, and might assure our ambitious youth of equal or superior glory in attempts for the revival of ancient eloquence. Lord Bolingbroke's productions, with all their defects in argument, method, and precision, contain a force and energy which our orators scarcely ever aim at; though it is evident that such an elevated style has much better grace in a speaker than in a writer, and is assured of more prompt and more astonishing success. It is there seconded by the graces of voice and action: the movements are mutually communicated between the orator and the audience, and the very aspect of a large assembly, attentive to the discourse of one man, must inspire him with a peculiar elevation, sufficient to give a propriety to the strongest figures and expressions. It is true, there is a great prejudice against *set speeches*; and a man cannot escape ridicule, who repeats a discourse as a school-boy does his lesson and takes no notice of any thing

cierge exposée aux rayons du soleil de midi. Démosthène et
Cicéron possédaient la même élégance, la même subtilité, la
même force d'argument que les autres ; mais, et ils en étaient
d'autant plus admirables, ils avaient encore ce pathétique et ce
sublime qu'ils savaient toujours répandre à propos dans leurs
discours et par lesquels ils commandaient les résolutions de
leur auditoire.

20. De cette espèce d'éloquence, nous n'avons guère
d'exemples en Angleterre, du moins chez nos orateurs publics.
Chez nos écrivains, nous en avons eu quelques-uns qui ont
été très applaudis et qui pourraient promettre à notre ambitieuse jeunesse une gloire égale ou supérieure, si elle s'essayait
à faire revivre l'ancienne éloquence. Les œuvres de Lord
Bolingbroke[1], malgré tous les défauts de raisonnement, de
méthode, ou de précision qu'on peut leur reprocher, témoi-
gnent d'une force et d'une énergie qu'ambitionnent rarement
nos orateurs ; quoiqu'il soit visible que ce style sublime a bien
meilleure grâce chez un orateur que chez un écrivain et est
assuré d'un succès plus prompt et plus étonnant. Il est alors
secondé par les grâces de la voix et de l'action ; les mouvements de l'âme passent de l'orateur à l'auditoire, de l'auditoire
à l'orateur. Au seul aspect d'une large assemblée attentive au
discours qu'il prononce, l'orateur se prend d'une élévation
particulière qui lui fait rendre avec bonheur les figures les plus
hardies et les expressions les plus fortes. Il est vrai, il y a un
grand préjugé contre les *discours tout prêts*. Et qui débitera son
discours comme un écolier sa leçon, sans prêter attention à ce

1. Henry St John Bolingbroke (1678-1751), philosophe et homme
politique à la carrière mouvementée, adversaire acharné du premier ministre
Robert Walpole.

that has been advanced in the course of the debate. But where is the necessity of falling into this absurdity? A public speaker must know beforehand the question under debate. He may compose all the arguments, objections, and answers, such as he thinks will be most proper for his discourse[f]. If any thing new occur, he may supply it from his invention; nor will the difference be very apparent between his elaborate and his extemporary compositions. The mind naturally continues with the same *impetus* or *force*, which it has acquired by its motion; as a vessel, once impelled by the oars, carries on its course for some time, when the original impulse is suspended.

21. I shall conclude this subject with observing that, even though our modern orators should not elevate their style or aspire to a rivalship with the ancient, yet is there, in most of their speeches, a material defect which they might correct, without departing from that composed air of argument and reasoning to which they limit their ambition. Their great affectation of extemporary discourses has made them reject all order and method, which seems so requisite to argument, and without which it is scarcely possible to produce an entire conviction on the mind. It is not that one would recommend many divisions in a public discourse, unless the subject very evidently offer them; but it is easy, without this formality, to observe a

---

f. The first of the Athenians, who composed and wrote his speeches, was Pericles, a man of business and a man of sense, if ever there was one. Πρῶτος γραπτὸν λόγον ἐν δικαστηρίω εἶπε, τῶν πρὸ αὐτοῦ σχεδιαζόντων. Suidas in Περικλῆς.

qui s'est dit au fil du débat, n'évitera pas le ridicule. Mais
pourquoi faudrait-il en venir à une telle absurdité? Un orateur
public doit s'instruire auparavant de la question dont on débat.
Il peut composer tous les arguments, les objections et les
réponses, dans l'ordre qu'il juge le plus convenable à son
discours[f]. Si quelque chose de nouveau survient, il tirera de sa
propre invention le moyen d'y fournir; et la différence ne sera
guère manifeste entre la partie préméditée de sa harangue et ce
qu'il aura composé dans l'instant. L'esprit conserve naturellement le même *impetus*, la même *force* qu'il a acquise par
son premier mouvement, comme un bateau qui, une fois lancé
par les rames, poursuit quelque temps sa course, alors que
l'impulsion primitive a cessé.

21. Cette observation encore pour conclure : supposé que
nos orateurs modernes ne doivent pas élever leur style ni aspirer
à rivaliser avec les anciens, il y a cependant dans la plupart de
leurs discours une faute majeure qu'ils pourraient corriger
sans se départir de cet air argumentatif et raisonneur qu'ils se
composent et où ils bornent leur ambition. Leur grande affectation pour les discours improvisés leur a fait rejeter tout ordre
et toute méthode, choses qui semblent pourtant si nécessaires
pour bien argumenter et sans lesquelles il n'est guère possible
de produire une entière conviction de l'esprit. Ce n'est pas
que je veuille qu'on multiplie les divisions dans les discours
publics, si le sujet ne les impose pas très évidemment; mais
il est aisé, sans cet excès de formalisme, de respecter une

f. Le premier des Athéniens qui composa et écrivit ses discours fut
Périclès, homme rompu dans les affaires et homme de sens s'il en fut. « Il fut
le premier à lire un discours écrit devant le tribunal, tandis qu'avant lui on
improvisait ». [*Suidas* est le nom d'une encyclopédie de la fin du Xe siècle.]

method and make that method conspicuous to the hearers, who will be infinitely pleased to see the arguments rise naturally from one another, and will retain a more thorough persuasion than can arise from the strongest reasons, which are thrown together in confusion.

méthode, de la rendre évidente aux auditeurs qui seront infiniment charmés de voir les arguments naître naturellement les
uns des autres et qui en retireront plus de persuasion que des
raisons les plus fortes, quand elles sont jetées toutes ensemble,
dans la confusion.

# OF TRAGEDY *

1. It seems an unaccountable pleasure, which the spectators of a well-written tragedy receive from sorrow, terror, anxiety, and other passions that are in themselves disagreeable and uneasy. The more they are touched and affected, the more are they delighted with the spectacle; and as soon as the uneasy passions cease to operate, the piece is at an end. One scene of full joy and contentment and security is the utmost that any composition of this kind can bear; and it is sure always to be the concluding one. If, in the texture of the piece, there be interwoven any scenes of satisfaction, they afford only faint gleams of pleasure, which are thrown in by way of variety, and in order to plunge the actors into deeper distress, by means of that contrast and disappointment. The whole art of the poet is employed, in rousing and supporting the compassion and indignation, the anxiety and resentment of his audience. They are pleased in proportion as they are afflicted, and never are so happy as when they employ tears, sobs, and cries to give vent to their sorrow, and relieve their heart, swoln with the tenderest sympathy and compassion.

* Cet essai parut en 1757 dans la collection des *Quatre dissertations*, et fut agrégé aux *Essais moraux, politiques et littéraires* à partir de l'édition de 1758.

## DE LA TRAGÉDIE

1. Mais comment expliquer le plaisir que les spectateurs d'une tragédie bien écrite prennent à l'affliction, à la terreur, à l'anxiété, à toutes ces passions qui sont par elles-mêmes des causes de désagrément et de tourment? Plus on est touché et ému et plus on est ravi du spectacle; et dès que ces passions incommodes cessent d'agir, c'en est fini de la pièce. Une scène de pure joie, de plein contentement, de tranquille sécurité, voilà tout ce qu'une composition de cette sorte peut admettre; et vous pouvez être certain qu'il s'agit toujours de la scène finale. Si d'autres scènes de félicité sont glissées dans la trame dramatique, ce ne sont que les pâles rayons d'un plaisir jeté là par esprit de variété et pour plonger les personnages dans une détresse plus amère encore, frappés du retournement de leur situation et déçus dans leurs espérances. Tout l'art du poète s'emploie à susciter, à entretenir la compassion et l'indignation, l'anxiété et le ressentiment de son public. Car le plaisir du public est en proportion de son affliction; il n'est jamais si heureux que lorsque, pleurant, sanglotant, poussant des cris, il donne libre cours à sa peine et soulage son cœur qui déborde de la sympathie et de la compassion la plus tendre.

2. The few critics who have had some tincture of philosophy, have remarked this singular phenomenon, and have endeavoured to account for it.

3. L'Abbé Du Bos, in his *Reflections on poetry and painting*, asserts that nothing is in general so disagreeable to the mind as the languid, listless state of indolence into which it falls upon the removal of all passion and occupation. To get rid of this painful situation, it seeks every amusement and pursuit; business, gaming, shows, executions; whatever will rouse the passions, and take its attention from itself. No matter what the passion is: let it be disagreeable, afflicting, melancholy, disordered; it is still better than that insipid languor, which arises from perfect tranquillity and repose.

4. It is impossible not to admit this account, as being, at least in part, satisfactory. You may observe, when there are several tables of gaming, that all the company run to those where the deepest play is, even though they find not there the best players. The view or, at least, imagination of high passions, arising from great loss or gain, affects the spectator by sympathy, gives him some touches of the same passions, and serves him for a momentary entertainment. It makes the time pass the easier with him, and is some relief to that oppression under which men commonly labour, when left entirely to their own thoughts and meditations.

5. We find that common liars always magnify, in their narrations, all kinds of danger, pain, distress, sickness, deaths,

2. Les quelques critiques qui ont pu se piquer de philosophie n'ont pas manqué de remarquer ce singulier phénomène et tâché d'en rendre compte.

3. L'abbé Du Bos, dans ses *Réflexions sur la poésie et la peinture*[1], déclare que rien en général n'est si désagréable à l'âme que l'état de langueur, de désœuvrement et d'apathie dans lequel elle tombe quand elle est vide de passion et d'occupation. Pour échapper à cette situation pénible, elle cherche tous les amusements et tous les divertissements : affaires, jeux, spectacles, exécutions, tout ce qui éveille les passions et la détourne d'elle-même. Peu importe la passion, qu'elle soit importune, affligeante, triste ou déréglée ! Elle la préfère toujours à cette langueur sans goût qui naît d'une parfaite tranquillité et d'un total repos.

4. On ne saurait nier que ce soit là une explication satisfaisante, du moins en partie. Il est facile d'observer que dans une salle où il y a plusieurs tables de jeu, toute la compagnie accourt à celles où l'on mise le plus gros, même si on n'y trouve pas les meilleurs joueurs. À la vue ou, du moins, à l'idée des fortes passions que doit produire l'importance de la perte ou du gain, le spectateur est ému, il se prend de sympathie et, éprouvant quelque chose de ces mêmes passions, il en tire un divertissement passager. Le temps passe plus facilement ; et c'est un soulagement à l'accablement sous lequel les hommes ploient d'ordinaire, quand ils sont livrés à leurs propres pensées et leurs propres méditations.

5. Les menteurs de profession grossissent toujours tout dans leurs récits : périls, souffrances, maladies, morts,

---

1. *Réflexions critiques sur la poésie et la peinture* (1719-1733), Ire partie, chap. 1 et 2.

murders, and cruelties, as well as joy, beauty, mirth, and magnificence. It is an absurd secret which they have for pleasing their company, fixing their attention, and attaching them to such marvellous relations, by the passions and emotions which they excite.

6. There is, however, a difficulty in applying to the present subject, in its full extent, this solution, however ingenious and satisfactory it may appear. It is certain that the same object of distress, which pleases in a tragedy, were it really set before us, would give the most unfeigned uneasiness, though it be then the most effectual cure to languor and indolence. Monsieur Fontenelle seems to have been sensible to this difficulty; and accordingly attempts another solution of the phænomenon, at least makes some addition to the theory above mentioned [a].

7. « Pleasure and pain », says he, « which are two sentiments so different in themselves, differ not so much in their cause. From the instance of tickling, it appears that the movement of pleasure, pushed a little too far, becomes pain and that the movement of pain, a little moderated, becomes pleasure. Hence it proceeds that there is such a thing as a sorrow, soft and agreeable: it is a pain weakened and diminished. The heart likes naturally to be moved and affected. Melancholy objects suit it, and even disastrous and sorrowful, provided they are softened by some circumstance. It is certain that, on the theatre, the representation has almost the effect of reality; yet it has not altogether that effect. However we may be hurried away by the spectacle, whatever dominion the senses and imagination may usurp over the reason, there still lurks at the bottom a certain idea

a. Reflections on Poetics, § 36.

meurtres, actes de cruauté, mais aussi la joie, la beauté, l'hilarité, la pompe. C'est là leur absurde secret pour plaire à la compagnie, retenir son attention, l'intéresser à de si merveilleuses relations par les passions et les émotions qui en naissent.

6. Il y a cependant une difficulté à appliquer ici cette solution, dans toute son étendue, si ingénieuse et appropriée qu'elle paraisse. Il est très certain que les mêmes scènes de détresse qui plaisent dans une tragédie, si elles se produisaient en effet sous nos yeux, nous causeraient un véritable tourment ; et pourtant c'est alors qu'elles seraient le remède le plus efficace contre l'apathie et la langueur. Monsieur Fontenelle semble avoir été sensible à cette difficulté. C'est pourquoi, il propose une autre explication à ce phénomène ; du moins fait-il une addition à la théorie dont il vient d'être question [a].

7. « Le plaisir et la douleur, dit-il, qui sont deux sentiments si différents, ne diffèrent pas beaucoup dans leur cause. Il paraît par l'exemple du chatouillement, que le mouvement du plaisir poussé un peu trop loin devient douleur, et que le mouvement de la douleur un peu modéré devient plaisir. De là vient encore qu'il y a une tristesse douce et agréable ; c'est une douleur affaiblie et diminuée. Le cœur aime naturellement à être remué ; ainsi les objets tristes lui conviennent, et même les objets douloureux, pourvu que quelque chose les adoucisse. Il est certain qu'au théâtre la représentation fait presque l'effet de la réalité ; mais enfin elle ne le fait pas entièrement : quelqu'entraîné que l'on soit par la force du spectacle, quelqu'empire que les sens et l'imagination prennent sur la raison, il reste toujours au fond de l'esprit je ne sais quelle idée

a. *Réflexions sur la Poétique* [1690. Publié en 1742], § 36.

of falsehood in the whole of what we see. This idea, though weak and disguised, suffices to diminish the pain which we suffer from the misfortunes of those whom we love, and to reduce that affliction to such a pitch as converts it into a pleasure. We weep for the misfortune of a hero to whom we are attached. In the same instant we comfort ourselves, by reflecting that it is nothing but a fiction. And it is precisely that mixture of sentiments which composes an agreeable sorrow, and tears that delight us. But as that affliction which is caused by exterior and sensible objects, is stronger than the consolation which arises from an internal reflection, they are the effects and symptoms of sorrow that ought to predominate in the composition ».

8. This solution seems just and convincing; but perhaps it wants still some new addition, in order to make it answer fully the phænomenon which we here examine. All the passions, excited by eloquence, are agreeable in the highest degree, as well as those which are moved by painting and the theatre. The epilogues of Cicero are, on this account chiefly, the delight of every reader of taste; and it is difficult to read some of them without the deepest sympathy and sorrow. His merit as an orator, no doubt, depends much on his success in this particular. When he had raised tears in his judges and all his audience, they were then the most highly delighted, and expressed the greatest satisfaction with the pleader. The pathetic description of the butchery, made by Verres of the Sicilian captains, is a masterpiece of this kind. But I believe none will

de la fausseté de ce qu'on voit. Cette idée, quoique faible et enveloppée, suffit pour diminuer la douleur de voir souffrir quelqu'un que l'on aime, et pour réduire cette douleur au degré où elle commence à se changer en plaisir. On pleure les malheurs d'un héros à qui l'on s'est affectionné, et dans le même moment on s'en console, parce qu'on sait que c'est une fiction ; et c'est justement de ce mélange de sentiments que se compose une douleur agréable, et des larmes qui font plaisir. De plus, comme cette affliction qui est causée par l'impression des objets sensibles et extérieurs, est plus forte que la consolation qui ne part que d'une réflexion intérieure, ce sont les effets et les marques de la douleur qui doivent dominer dans ce composé » [1].

8. Cette solution semble juste et convaincante ; mais peut-être faut-il y faire encore une addition, pour répondre pleinement au phénomène que nous examinons ici. Les passions que l'éloquence suscite, tout comme celles qui sont éveillées par la peinture ou le théâtre, ont un agrément extrême. C'est bien pourquoi, les épilogues de Cicéron font les délices de tout homme de goût ; et il est difficile d'en lire certains sans se sentir ému et attristé jusques au fond du cœur. Son mérite d'orateur, à n'en point douter, tient beaucoup à la réussite qu'il y montre. Quand il avait porté aux larmes ses juges et tout son auditoire, c'est alors qu'ils éprouvaient le plus extrême ravissement, et jamais ils n'applaudissaient davantage à son art. La description pathétique du massacre des capitaines siciliens par Verrès est un chef d'œuvre du genre [2]. Mais personne

1. Nous reproduisons le texte de Fontenelle dont Hume donne une traduction fidèle.

2. *Seconde action contre Verrès*, V, 118-138.

affirm that the being present at a melancholy scene of that nature would afford any entertainment. Neither is the sorrow here softened by fiction; for the audience were convinced of the reality of every circumstance. What is it then which in this case raises a pleasure from the bosom of uneasiness, so to speak, and a pleasure which still retains all the features and outward symptoms of distress and sorrow?

9. I answer: this extraordinary effect proceeds from that very eloquence with which the melancholy scene is represented. The genius required to paint objects in a lively manner, the art employed in collecting all the pathetic circumstances, the judgment displayed in disposing them: the exercise, I say, of these noble talents, together with the force of expression, and beauty of oratorial numbers, diffuse the highest satisfaction on the audience, and excite the most delightful movements. By this means, the uneasiness of the melancholy passions is not only overpowered and effaced by something stronger of an opposite kind, but the whole impulse of those passions is converted into pleasure, and swells the delight which the eloquence raises in us. The same force of oratory, employed on an uninteresting subject, would not please half so much, or rather would appear altogether ridiculous; and the mind, being left in absolute calmness and indifference, would relish none of those beauties of imagination or expression which, if joined to passion, give it such exquisite entertainment. The impulse or vehemence, arising from sorrow, compassion, indignation, receives a new direction from the sentiments of beauty. The latter, being the predominant emotion, seize the whole mind, and convert the former into themselves, at least tincture them so strongly as

n'affirmera, je crois, que d'assister à une scène d'une nature si
mélancolique lui apporterait de l'amusement. Et on ne peut
dire que l'affliction soit ici tempérée par la fiction ; car l'auditoire était persuadé de la réalité de chacune des circonstances.
Qu'est-ce donc qui en pareil cas fait naître le plaisir, si j'ose
dire, du fond même du tourment, et un plaisir qui conserve
encore tous les traits et tous les symptômes extérieurs de la
détresse et de l'affliction ?

9. Je réponds que cet effet extraordinaire est dû à l'éloquence avec laquelle la scène est représentée dans toute son
horreur. Le génie dépensé à peindre les objets sous des
couleurs vives, l'art employé à recueillir toutes les circonstances pathétiques, le jugement mis au service de leur disposition, l'exercice, dis-je, de ces nobles talents, joint à la force
de l'expression et à la beauté des nombres oratoires, comble
l'auditoire de la plus haute satisfaction et lui communique les
mouvements les plus délicieux. Par ce moyen, non seulement
le tourment des passions mélancoliques est emporté, effacé
par un principe plus fort et d'une espèce opposée, mais toute
l'énergie de ces passions se change en plaisir et vient
augmenter l'impression délicieuse que l'éloquence suscite.
Le même déploiement d'éloquence appliqué à un sujet sans
intérêt ne plairait pas la moitié autant, ou plutôt sombrerait
dans le ridicule ; et l'âme, demeurant dans un calme et une
indifférence absolue, ne goûterait aucune de ces beautés de
l'imagination ou de l'expression qui, jointes à la passion, procurent un divertissement si exquis. Le mouvement véhément
qui naît de l'affliction, de la compassion, de l'indignation,
reçoit une nouvelle direction des sentiments de la beauté. Ces
sentiments, qui font l'émotion dominante, s'emparent de l'âme
tout entière ; ils convertissent en leur propre essence l'impulsion qu'elle a reçue ou, du moins, l'imprègnent assez pour

totally to alter their nature. And the soul, being, at the same time, roused by passion, and charmed by eloquence, feels on the whole a strong movement, which is altogether delightful.

10. The same principle takes place in tragedy; with this addition, that tragedy is an imitation; and imitation is always of itself agreeable. This circumstance serves still further to smooth the motions of passion, and convert the whole feeling into one uniform and strong enjoyment. Objects of the greatest terror and distress please in painting, and please more than the most beautiful objects that appear calm and indifferent[b]. The affection, rousing the mind, excites a large stock of spirit and vehemence; which is all transformed into pleasure by the force of the prevailing movement. It is thus the fiction of tragedy softens the passion, by an infusion of a new feeling, not merely by weakening or diminishing the sorrow. You may by degrees weaken a real sorrow, till it totally disappears; yet in none of its gradations will it ever give pleasure; except, perhaps, by accident, to a man sunk under lethargic indolence, whom it rouses from that languid state.

[b]. Painters make no scruple of representing distress and sorrow as well as any other passion; but they seem not to dwell so much on these melancholy affections as the poets, who, though they copy every motion of the human breast, yet pass quickly over the agreeable sentiments. A painter represents only one instant; and if that be passionate enough, it is sure to affect and delight the spectator; but nothing can furnish to the poet a variety of scenes and incidents and sentiments, except distress, terror, or anxiety. Complete joy and satisfaction is attended with security, and leaves no further room for action.

en altérer totalement la nature. Et l'âme, à la fois agitée par la passion et charmée par l'éloquence, éprouve un transport qui est un pur délice.

10. Le même principe a cours dans la tragédie, avec ceci de plus que la tragédie est une imitation et que l'imitation est toujours agréable par elle-même. Cette dernière circonstance aide à adoucir encore les mouvements de la passion, en sorte que tout ce qu'on éprouve ne fait plus qu'un sentiment uniforme et fort de contentement. Les objets qui inspirent la terreur et la détresse la plus profonde plaisent sur la toile du peintre, et plaisent plus que ne le feraient les objets les plus beaux, mais d'un tour calme et indifférent[b]. L'affection, aiguillonnant l'âme, lui communique un feu, une impétuosité considérable, qui se change toute en plaisir sous l'empire du mouvement dominant. C'est ainsi que la fiction de la tragédie tempère la passion : en infusant un sentiment nouveau, plus qu'en atténuant et en diminuant l'affliction éprouvée. On peut atténuer par degrés une réelle affliction, jusqu'à la faire cesser ; mais à aucun de ses degrés elle ne sera cause de plaisir, sauf, peut-être, pour un homme qui est plongé dans une léthargique indolence et qu'elle vient tirer de sa langueur.

---

b. Les peintres ne se font pas scrupule de représenter la détresse et l'affliction à l'égal de toute autre passion. Mais ils ne semblent pas s'attarder sur ces affections mélancoliques comme le font les poètes ; ces derniers au contraire, quoiqu'ils copient toutes les émotions du cœur humain, passent rapidement sur les sentiments agréables. Un peintre ne fixe qu'un instant et s'il y met assez de passion, il est sûr de toucher et de ravir le spectateur. Mais rien ne peut fournir au poète une assez grande variété de scènes, de péripéties, de sentiments, que la détresse, la terreur ou l'anxiété. Une joie entière, un plein contentement, demandent de la quiétude, de sorte qu'il n'y a plus de place pour l'action.

11. To confirm this theory, it will be sufficient to produce other instances, where the subordinate movement is converted into the predominant, and gives force to it, though of a different, and even sometimes though of a contrary nature.

12. Novelty naturally rouses the mind and attracts our attention; and the movements, which it causes, are always converted into any passion belonging to the object, and join their force to it. Whether an event excite joy or sorrow, pride or shame, anger or good-will, it is sure to produce a stronger affection, when new or unusual. And though novelty of itself be agreeable, it fortifies the painful, as well as agreeable passions.

13. Had you any intention to move a person extremely by the narration of any event, the best method of encreasing its effect would be artfully to delay informing him of it, and first to excite his curiosity and impatience before you let him into the secret. This is the artifice practised by Jago in the famous scene of Shakespeare; and every spectator is sensible that Othello's jealousy acquires additional force from his preceding impatience, and that the subordinate passion is here readily transformed into the predominant one.

14. Difficulties increase passions of every kind; and by rousing our attention, and exciting our active powers, they produce an emotion which nourishes the prevailing affection.

11. Pour confirmer cette théorie, il suffira de produire d'autres exemples où le mouvement subordonné se convertit dans le mouvement dominant et le renforce ainsi, bien qu'il soit d'une nature différente, et parfois même contraire.

12. La nouveauté anime naturellement l'esprit et attire l'attention; les mouvements qu'elle excite se changent toujours en la passion qui est attachée à l'objet et qui en reçoit une force additionnelle. À chaque fois qu'un événement suscite la joie ou l'affliction, l'orgueil ou la honte, la colère ou la bienveillance, il est sûr qu'il produira une affection plus forte, s'il est nouveau ou inhabituel. Et bien que la nouveauté soit par elle-même agréable, elle ne laisse pas de renforcer les passions douloureuses autant que les passions agréables.

13. Voulez-vous m'émouvoir profondément par le récit d'un événement? La meilleure méthode pour accroître son effet est de retarder adroitement le moment de m'en instruire et de piquer d'abord mon impatiente curiosité avant de m'introduire dans le secret. C'est l'artifice employé par Iago dans la fameuse scène de Shakespeare et il n'est pas de spectateur qui ne perçoive que la jalousie d'Othello reçoit une force additionnelle de son impatience à savoir, et que la passion subordonnée se transforme ici rapidement dans la passion dominante [1].

14. Les obstacles exacerbent les passions de toute espèce; en suscitant notre attention et en excitant nos puissances actives, ils suscitent une émotion qui vient nourrir l'affection dominante.

1. Shakespeare, *Othello*, acte 3, scène 3.

15. Parents commonly love that child most whose sickly infirm frame of body has occasioned them the greatest pains, trouble, and anxiety in rearing him. The agreeable sentiment of affection here acquires force from sentiments of uneasiness.

16. Nothing endears so much a friend as sorrow for his death. The pleasure of his company has not so powerful an influence.

17. Jealousy is a painful passion; yet without some share of it, the agreeable affection of love has difficulty to subsist in its full force and violence. Absence is also a great source of complaint among lovers and gives them the greatest uneasiness; yet nothing is more favourable to their mutual passion than short intervals of that kind. And if long intervals often prove fatal, it is only because, through time, men are accustomed to them, and they cease to give uneasiness. Jealousy and absence in love compose the *dolce piccante* of the Italians, which they suppose so essential to all pleasure.

18. There is a fine observation of the elder Pline, which illustrates the principle here insisted on. It is very remarkable, says he, that the last works of celebrated artists, which they left imperfect, are always the most prized, such as the Iris of Aristides, the Tyndarides of Nichomacus, the Medea of Timomachus, and the Venus of Appelles. These are valued even above their finished productions. The broken lineaments of the piece, and the half-formed idea of the painter are carefully

15. Les parents ont ordinairement une prédilection marquée pour l'enfant dont la constitution faible et maladive leur a causé le plus de peines, de troubles et d'inquiétudes, au moment où ils l'ont élevé. Les tourments éprouvés ajoutent à la force du doux sentiment d'affection.

16. Rien ne rend plus cher un ami que le chagrin de sa mort. Le plaisir de sa compagnie n'a pas une influence aussi forte.

17. La jalousie est une passion pénible; et, cependant, l'amour qui est une passion agréable ne saurait s'en passer: sans elle, il conserve difficilement toute sa force et toute sa violence. L'absence est elle aussi un grand motif de plainte chez les amants; et ils en éprouvent un tourment extrême. Et pourtant rien ne sert davantage leur passion mutuelle que de brefs intervalles de cette sorte. Si de longs intervalles s'avèrent souvent fatals, c'est seulement parce que, au fil du temps, on s'y accoutume et qu'on cesse d'en ressentir les effets. La jalousie et l'absence dans l'amour font le *dolce piccante* des Italiens, qu'ils supposent si essentiel à tous les plaisirs.

18. Une belle observation de Pline l'Ancien illustre le principe sur lequel j'insiste ici. Il est très remarquable, dit-il, que les derniers ouvrages des artistes célèbres, lorsque la mort les livre dans un état encore imparfait, sont toujours les plus appréciés, comme l'Iris d'Aristide, les Tyndarides de Nicomaque, la Médée de Timomaque et la Vénus d'Appelle. Ces ouvrages sont portés au dessus des productions les plus achevées de leurs auteurs. Les linéaments épars de l'œuvre et l'idée à demi formée du peintre sont soigneusement

studied; and our very grief for that curious hand, which had been stopped by death, is an additional increase to our pleasure.

19. These instances (and many more might be collected) are sufficient to afford us some insight into the analogy of nature, and to show us, that the pleasure which poets, orators, and musicians give us, by exciting grief, sorrow, indignation, compassion, is not so extraordinary or paradoxical, as it may at first sight appear. The force of imagination, the energy of expression, the power of numbers, the charms of imitation: all these are naturally, of themselves delightful to the mind; and when the object presented lays also hold of some affection, the pleasure still rises upon us, by the conversion of this subordinate movement into that which is predominant. The passion, though perhaps naturally, and when excited by the simple appearance of a real object, it may be painful, yet is so smoothed, and softened, and mollified, when raised by the finer arts, that it affords the highest entertainment.

20. To confirm this reasoning, we may observe that if the movements of the imagination be not predominant above those of the passions, a contrary effect follows; and the former, being now subordinate, is converted into the latter, and still further increases the pain and affliction of the sufferer.

étudiés ; et notre peine même pour cette main minutieuse qui a été arrêtée par la mort, ajoute encore à notre plaisir [1].

19. Ces exemples (et bien d'autres pourraient être recueillis) suffisent à nous fournir quelque notion de l'analogie de la nature et à nous montrer que le plaisir que les poètes, les orateurs et les musiciens savent tirer de la peine, de l'affliction, de l'indignation ou de la compassion qu'ils nous communiquent, n'est pas si extraordinaire ni si paradoxal qu'il paraît à première vue. La force de l'imagination, la vigueur de l'expression, le pouvoir des nombres, les agréments de l'imitation, sont choses naturellement agréables à l'âme. Et quand les objets qu'elles servent à représenter captivent d'eux-mêmes quelque affection, le plaisir s'augmente encore, par la conversion de ce mouvement subordonné dans le mouvement dominant. Ce peut être une passion naturellement douloureuse, quand elle naît de la seule présence de l'objet ; mais quand elle est suscitée par les beaux-arts, elle se fait si tempérée, si douce, si tendre, qu'elle est source du plus grand des divertissements.

20. Pour confirmer ce raisonnement, il est aisé d'observer que si les mouvements de l'imagination ne dominent pas ceux de la passion, il s'ensuit l'effet inverse ; et les premiers, maintenant subordonnés, se changent dans les seconds et augmentent encore la douleur et l'affliction de celui qui souffre.

1. « Illud vero perquam rarum ac memoria dignum, etiam suprema opera artificum, imperfectasque tabulas, sicut, Irin Aristidis, Tyndaridas Nicomachi, Medeam Timomachi, et quam diximus Venerem Apellis, in majori admiratione esse quam perfecta. Quippe in iis lineamenta reliqua, ipsæque cogitationes artificum spectantur, atque in lenocinio commendationis dolor est manus, cum id ageret, extinctæ » (*Histoire naturelle*, XXXV, 40, 145).

21. Who could ever think of it as a good expedient for comforting an afflicted parent, to exaggerate, with all the force of elocution, the irreparable loss which he has met with by the death of a favourite child? The more power of imagination and expression you here employ, the more you increase his despair and affliction.

22. The shame, confusion, and terror of Verres, no doubt, rose in proportion to the noble eloquence and vehemence of Cicero; so also did his pain and uneasiness. These former passions were too strong for the pleasure arising from the beauties of elocution and operated, though from the same principle, yet in a contrary manner, to the sympathy, compassion, and indignation of the audience.

23. Lord Clarendon, when he approaches towards the catastrophe of the royal party, supposes that his narration must then become infinitely disagreeable; and he hurries over the king's death, without giving us one circumstance of it. He considers it as too horrid a scene to be contemplated with any satisfaction, or even without the utmost pain and aversion. He himself, as well as the readers of that age, were too deeply concerned in the events, and felt a pain from subjects which an historian and a reader of another age would regard as the most pathetic and most interesting and, by consequence, the most agreeable.

24. An action, represented in tragedy, may be too bloody and atrocious. It may excite such movements of

21. Qui irait imaginer que ce soit un bon moyen de réconforter un père ou une mère affligée par la mort d'un enfant très cher, que de lui exagérer, avec toute la force de l'éloquence, le caractère irréparable de sa perte? Plus vous mettez ici d'imagination et d'expression, et plus vous augmentez le désespoir et le chagrin de ce parent.

22. La honte, la confusion, la terreur de Verrès ont certainement dû s'accroître en proportion de la noble et véhémente éloquence que déployait Cicéron; de même sa douleur et son tourment. Ces passions étaient trop fortes en regard du plaisir causé par les beautés du discours, et elles agissaient selon le même principe, mais d'une manière opposée à la sympathie, la compassion et l'indignation qui s'emparaient de l'auditoire.

23. Lord Clarendon, lorsqu'il en vient à la catastrophe qui abat le parti royal, s'imaginant sans doute que sa narration ne pouvait être qu'infiniment désagréable, se hâte de passer sur la mort du roi, sans évoquer la moindre circonstance[1]. Cette scène lui paraît trop affreuse pour être regardée avec satisfaction, et même sans causer la plus pénible aversion. Lui-même, aussi bien que les lecteurs de l'époque, étaient trop intimement concernés par ces événements; ils avaient trop de douleur à des sujets qu'un historien et un lecteur d'une autre époque considéreraient comme les plus pathétiques et les plus intéressants, et donc les plus agréables.

24. L'action qui est représentée dans une tragédie peut-être trop sanglante et trop atroce. Elle peut susciter de tels mouve-

---

1. Edward Hyde, First Earl of Clarendon, *The True Historical Narrative of the Rebellion and Civil Wars in England* (1702-1704).

horror as will not soften into pleasure; and the greatest energy of expression, bestowed on descriptions of that nature, serves only to augment our uneasiness. Such is that action represented in *The Ambitious Stepmother*, where a venerable old man, raised to the height of fury and despair, rushes against a pillar, and striking his head upon it, besmears it all over with mingled brains and gore. The English theatre abounds too much with such shocking images.

25. Even the common sentiments of compassion require to be softened by some agreeable affection, in order to give a thorough satisfaction to the audience. The mere suffering of plaintive virtue, under the triumphant tyranny and oppression of vice, forms a disagreeable spectacle, and is carefully avoided by all masters of the drama. In order to dismiss the audience with entire satisfaction and contentment, the virtue must either convert itself into a noble courageous despair, or the vice receive its proper punishment.

26. Most painters appear in this light to have been very unhappy in their subjects. As they wrought much for churches and convents, they have chiefly represented such horrible subjects as crucifixions and martyrdoms, where nothing appears but tortures, wounds, executions, and passive suffering, without any action or affection. When they turned their pencil from this ghastly mythology, they had commonly recourse to Ovid whose fictions, though passionate and agreeable, are scarcely natural or probable enough for painting.

ments d'horreur qu'ils ne s'adouciront pas en un sentiment de plaisir; et toute la force d'expression dépensée à des descriptions de cette nature ne font qu'augmenter notre trouble. Ainsi de l'action qui est représentée dans *La Belle-mère Ambitieuse*[1], où un vénérable vieillard, dans un accès de fureur et de désespoir, se précipite contre une colonne et, se brisant la tête, la souille de sa cervelle et de son sang mêlés. Le théâtre anglais abuse de ces images choquantes.

25. Même les sentiments les plus communs de pitié demandent à être tempérés par quelque affection agréable, pour donner pleine satisfaction à l'auditoire. La simple représentation des souffrances d'une vertu plaintive, soumise à la tyrannie et à l'oppression triomphante du vice, forme un spectacle désagréable; et tous les grands maîtres de l'art dramatique l'évitent soigneusement. Pour laisser le public entièrement satisfait et content, il faut que la vertu se change en un noble et courageux désespoir ou que le vice reçoive le châtiment qu'il mérite.

26. Sous ce jour, la plupart des peintres semblent n'avoir pas été très heureux dans le choix de leurs sujets. Travaillant beaucoup pour les églises et les couvents, ils ont surtout représenté des choses horribles comme les martyrs et les crucifixions, où on ne voit que tortures, blessures, exécutions, souffrances passives, sans action ni affection. Quand ils détournaient leur crayon de cette épouvantable mythologie, c'était pour peindre les fables d'Ovide, sujets qui ne manquent pas de passion ni d'agrément, mais qui n'ont guère assez de naturel et de vraisemblance pour se soutenir sur la toile.

---

1. Tragédie de Nicholas Rowe (1674-1718). Cette pièce fut représentée en 1700.

27. The same inversion of that principle which is here insisted on, displays itself in common life, as in the effects of oratory and poetry. Raise so the subordinate passion that it becomes the predominant, it swallows up that affection which it before nourished and increased. Too much jealousy extinguishes love: Too much difficulty renders us indifferent: Too much sickness and infirmity disgusts a selfish and unkind parent.

28. What so disagreeable as the dismal, gloomy, disastrous stories, with which melancholy people entertain their companions? The uneasy passion, being there raised alone, unaccompanied with any spirit, genius, or eloquence, conveys a pure uneasiness, and is attended with nothing that can soften it into pleasure or satisfaction.

27. Ce n'est pas seulement dans les effets de l'art oratoire et de la poésie que se fait cette inversion du principe sur laquelle nous insistons ici : on la découvre également dans la vie commune. Portez la passion subordonnée au point où elle devient dominante, elle dévore l'affection qu'elle nourrissait et fortifiait. Trop de jalousie éteint l'amour ; trop d'obstacle rend indifférent ; trop de maladie et d'infirmité dans un enfant dégoûte les parents au cœur dur et égoïste.

28. Quoi de plus rebutant que ces histoires lugubres, sinistres, macabres, dont les personnes mélancoliques entretiennent leur entourage ? On n'a alors que la passion seule, sans aucune marque d'esprit, de génie ou d'éloquence pour en tempérer le désagrément ; on n'a que le tourment sans rien qui puisse le changer en une plaisante satisfaction.

## OF THE STUDY OF HISTORY *

1. There is nothing which I would recommend more earnestly to my female readers than the study of history, as an occupation, of all others, the best suited both to their sex and education, much more instructive than their ordinary books of amusement, and more entertaining than those serious compositions, which are usually to be found in their closets. Among other important truths, which they may learn from history, they may be informed of two particulars, the knowledge of which may contribute very much to their quiet and repose: *that* our sex, as well as their, are far from being such perfect creatures as they are apt to imagine, and *that* love is not the only passion which governs the male-world, but is often overcome by avarice, ambition, vanity, and a thousand other passions. Whether they be the false representations of mankind in those two particulars, which endear romances and novels so much to the fair sex, I know not; but must confess that I am sorry to see them have such an

* Cet essai parut dans la première édition des *Essais moraux et politiques* (1741). Il fut reproduit dans les éditions qui suivirent, jusqu'en 1760, après quoi il fut retiré.

# DE L'ÉTUDE DE L'HISTOIRE

1. Il n'y a rien que je recommanderais plus volontiers à mes lectrices que l'étude de l'histoire. C'est entre toutes une occupation qui convient à leur sexe et à leur éducation, infiniment plus instructive que les livres qui servent ordinairement à leur amusement, et plus divertissante que tous les ouvrages sérieux qu'on ne laisse pas de trouver dans leur boudoir. Parmi d'autres vérités importantes qu'elles peuvent apprendre de l'histoire, il en est deux dont la connaissance contribuera beaucoup à leur tranquillité et à leur repos. La première est *que* notre sexe, autant que le leur, est loin de réunir des créatures aussi parfaites qu'elles sont portées à l'imaginer ; la seconde est *que* l'amour n'est pas la seule passion qui gouverne le monde masculin, monde souvent dominé par l'avarice, l'ambition, la vanité et mille autres passions. Je ne sais si ce sont les fausses représentations qu'il se fait sur ces deux points qui rendent si chers au beau sexe les romans et les fictions ; mais je dois avouer que je suis chagrin de le voir montrer tant

aversion to matter of fact, and such an appetite for falshood. I remember I was once desired by a young beauty, for whom I had some passion, to send her some novels and romances for her amusement in the country; but was not so ungenerous as to take the advantage which such a course of reading might have given me, being resolved not to make use of poisoned arms against her. I therefore sent her Plutarch's *Lives*, assuring her, at the same time, that there was not a word of truth in them from beginning to end. She perused them very attentively, \till she came to the lives of Alexander and Cæsar, whose names she had heard of by accident; and then returned me the book, with many reproaches for deceiving her.

2. I may indeed be told that the fair sex have no such aversion to history as I have represented, provided it be *secret* history, and contain some memorable transaction proper to excite their curiosity. But as I do not find that truth, which is the basis of history, is at all regarded in those anecdotes, I cannot admit of this as a proof of their passion for that study. However this may be, I see not why the same curiosity might not receive a more proper direction, and lead them to desire accounts of those who lived in past ages, as well as of their cotemporaries. What is it to Cleora, whether Fulvia entertains a secret commerce of *Love* with Philander or not? Has she not equal reason to be pleased, when she is informed (what is whispered about among historians) that Cato's sister had an intrigue with Cæsar, and palmed her son, Marcus Brutus, upon her husband for his own, though in reality he was her gallant's? And are not the loves of Messalina or Julia as proper subjects of discourse as any intrigue that this city has produced of late years?

d'aversion pour les faits et tant d'appétit pour les contes. Je me souviens qu'une jeune beauté pour laquelle j'éprouvais quelque passion, me pria un jour de lui envoyer des romans et des fictions, pour son amusement à la campagne. Mais, trop généreux pour profiter de l'avantage qu'aurait pu m'offrir ce genre de lectures, je me résolus à ne pas employer contre elle d'armes empoisonnées. Je lui envoyai donc les *Vies* de Plutarque, tout en l'assurant qu'il n'y avait pas un mot de vrai du début jusqu'à la fin. Elle les lut avec beaucoup d'attention, jusqu'à ce qu'elle parvînt aux vies d'Alexandre et de César, dont elle avait entendu les noms par hasard. Elle me retourna alors le livre, m'accusant amèrement de l'avoir trompée.

2. On me dira que le beau sexe n'a pas pour l'histoire une aversion aussi forte que je l'ai suggéré, pourvu que ce soit quelque histoire *secrète* qui contienne des aventures mémorables, propres à piquer sa curiosité. Mais comme je ne trouve point que la vérité, qui est le fondement de l'histoire, soit jamais prise en considération dans ce genre d'anecdotes, je me garderai d'y chercher une quelconque preuve de la passion des femmes pour cette étude. Quoi qu'il en soit, je ne vois pas pourquoi la même curiosité, prenant une meilleure direction, ne pourrait pas les conduire à désirer s'instruire autant de ceux qui vécurent dans le passé que de leurs contemporains. Importe-t-il à Cléore que Fulvie ait ou non une liaison *amoureuse* secrète avec Philandre? Avec la même raison, ne se plairait-elle pas à apprendre (ce qu'on murmure chez les historiens) que la sœur de Caton avait une intrigue avec César et qu'elle fit passer son enfant, Marcus Brutus, pour le fils de son mari, alors qu'il était celui de son galant? Ne trouve-t-on pas dans les amours de Messaline et de Julie des sujets de discours tout aussi intéressants que n'importe quelle intrigue apparue dans cette ville, ces dernières années?

3. But I know not whence it comes, that I have been thus seduced into a kind of raillery against the ladies; unless, perhaps, it proceed from the same cause which makes the person, who is the favourite of the company, be often the object of their good-natured jests and pleasantries. We are pleased to address ourselves after any manner to one who is agreeable to us; and, at the same time, presume, that nothing will be taken amiss by a person, who is secure of the good opinion and affections of every one present. I shall now proceed to handle my subject more seriously, and shall point out the many advantages which flow from the study of history, and show how well suited it is to every one, but particularly to those who are debarred the severer studies, by the tenderness of their complexion, and the weakness of their education. The advantages found in history seem to be of three kinds, as it amuses the fancy, as it improves the understanding, and as it strengthens virtue.

4. In reality, what more agreeable entertainment to the mind than to be transported into the remotest ages of the world, and to observe human society, in its infancy, making the first faint essays towards the arts and sciences; to see the policy of government, and the civility of conversation refining by degrees, and every thing which is ornamental to human life advancing towards its perfection; to remark the rise, progress, declension, and final extinction of the most flourishing empires; the virtues which contributed to their greatness, and the vices, which drew on their ruin. In short, to see all human race, from the beginning of time, pass, as it were, in review before us, appearing in their true colours, without any of those disguises which, during their life-time, so much perplexed the judgment of the beholders. What spectacle can be imagined, so magnificent, so various, so interesting? What amusement,

3. Mais d'où vient que je me sois laissé entraîner dans une espèce de raillerie contre les dames? À moins que ce ne soit pour la même raison qu'on plaisante de bon cœur la personne qui fait l'âme d'une compagnie. C'est un plaisir de s'adresser librement à l'objet dont on est charmé, sachant que la persuasion où il est de la bonne opinion et de l'affection que tous lui portent, l'empêchera de s'offenser. Je vais à présent traiter mon sujet sur un ton plus grave et je relèverai les nombreux avantages qui suivent de l'étude de l'histoire, de manière à montrer combien elle convient à tous, et en particulier aux personnes qu'une complexion trop tendre et une éducation trop faible éloignent d'études plus sérieuses. Les avantages qu'on trouve dans l'histoire sont, semble-t-il, de trois sortes : elle amuse l'imagination; elle perfectionne l'entendement; elle renforce la vertu.

4. En vérité, y a-t-il divertissement plus agréable pour l'esprit, que d'être transporté dans les âges les plus reculés du monde et d'observer la société humaine à son état d'enfance, dans ses premiers essais vers les arts et les sciences? Que de voir la conduite du gouvernement, la politesse de la conversation se raffiner par degré, et toute chose qui sert à l'ornement de la vie humaine s'avancer vers sa perfection? Que d'observer la naissance, le progrès, le déclin et finalement la disparition des empires les plus florissants, et d'examiner toutes les vertus qui ont contribué à leur grandeur et les vices qui les ont menés à leur ruine? En un mot, que de voir toute la race des hommes défiler devant nos yeux depuis l'origine des temps, les uns après les autres, apparaissant sous leurs vraies couleurs, sans aucun de ces déguisements qui, de leur vivant, égaraient fort le jugement des témoins? Quel spectacle imaginer qui soit aussi magnifique, aussi varié, aussi digne d'intérêt? Quel amu-

either of the senses or imagination, can be compared with it? Shall those trifling pastimes, which engross so much of our time, be preferred as more satisfactory, and more fit to engage our attention? How perverse must that taste be which is capable of so wrong a choice of pleasures?

5. But history is a most improving part of knowledge, as well as an agreeable amusement; and a great part of what we commonly call *Erudition*, and value so highly, is nothing but an acquaintance with historical facts. An extensive knowledge of this kind belongs to men of letters; but I must think it an unpardonable ignorance in persons of whatever sex or condition, not to be acquainted with the history of their own country, together with the histories of ancient Greece and Rome. A woman may behave herself with good manners, and have even some vivacity in her turn of wit; but where her mind is so unfurnished, it is impossible her conversation can afford any entertainment to men of sense and reflection.

6. I must add that history is not only a valuable part of knowledge, but opens the door to many other parts, and affords materials to most of the sciences. And indeed, if we consider the shortness of human life, and our limited knowledge, even of what passes in our own time, we must be sensible that we should be for ever children in understanding, were it not for this invention which extends our experience to all past ages, and to the most distant nations; making them contribute as much to our improvement in wisdom, as if they had actually lain under our observation. A man acquainted with history may, in some respect, be said to have lived from the beginning of the world, and to have been

sement des sens et de l'imagination peut se comparer à cela ? Préférerons-nous ces passe-temps frivoles qui accaparent tant de notre vie sous le prétexte qu'ils apportent plus de satisfaction ou retiennent plus aisément notre attention ? Il faut avoir le goût bien mauvais pour faire un aussi mauvais choix dans ses plaisirs !

5. Mais autant qu'un agréable passe-temps, l'histoire est une partie très enrichissante de la connaissance ; et une grande part de ce que nous appelons communément l'*érudition* et que nous estimons si fort, n'est rien que la connaissance des faits historiques. Certes, il faut être homme de lettres pour être versé dans une telle science ; mais je ne laisse pas de penser que c'est une ignorance impardonnable, de quelque sexe et de quelque condition qu'on soit, de n'être pas familier de l'histoire de son propre pays, ainsi que de l'histoire de la Grèce et de la Rome antiques. Une femme peut avoir de belles manières, elle peut même avoir un tour d'esprit assez vif : si sa tête est à ce point vide, il est impossible que sa conversation plaise longtemps à des hommes sensés qui aiment à réfléchir.

6. Je dois ajouter que l'histoire n'est pas seulement une partie éminente de la connaissance, mais qu'elle ouvre la porte à bien d'autres domaines et qu'elle fournit une ample matière à la plupart des sciences. Et à la vérité, si nous considérons combien la vie humaine est courte, combien notre connaissance est limitée, même de ce qui se passe aujourd'hui, nous ne manquerons pas de nous persuader que nous resterions à jamais des enfants en intelligence, sans cette invention qui étend notre expérience à toutes les époques révolues et aux nations les plus lointaines, les employant à nous faire avancer en sagesse, comme si elles se présentaient maintenant à nos yeux. En un sens, on peut dire d'un homme qui a une pratique de l'histoire, qu'il vit depuis le début du monde et qu'il fait sans

making continual additions to his stock of knowledge in every century.

7. There is also an advantage in that experience which is acquired by history, above what is learned by the practice of the world, that it brings us acquainted with human affairs, without diminishing in the least from the most delicate sentiments of virtue. And, to tell the truth, I know not any study or occupation so unexceptionable as history in this particular. Poets can paint virtue in the most charming colours; but, as they address themselves entirely to the passions, they often become advocates for vice. Even philosophers are apt to bewilder themselves in the subtilty of their speculations; and we have seen some go so far as to deny the reality of all moral distinctions. But I think it a remark worthy the attention of the speculative, that the historians have been, almost without exception, the true friends of virtue, and have always represented it in its proper colours, however they may have erred in their judgments of particular persons. Machiavel himself discovers a true sentiment of virtue in his history of Florence. When he talks as a *Politician*, in his general reasonings, he considers poisoning, assassination and perjury, as lawful arts of power; but when he speaks as an *Historian*, in his particular narrations, he shows so keen an indignation against vice, and so warm an approbation of virtue, in many passages, that I could not forbear applying to him that remark of Horace, that if you chase away nature, though with ever so great

cesse de nouvelles additions à la masse de ses connaissances, en passant de siècle en siècle.

7. Il y a en outre dans cette expérience qu'on acquiert par le moyen de l'histoire un avantage qui ne se trouve pas dans ce qu'on apprend de la pratique du monde : celui de s'instruire des affaires humaines sans rien perdre des sentiments les plus délicats que la vertu inspire. Et pour parler vrai, je ne connais pas d'étude ou d'occupation qui soit aussi irréprochable à cet égard que l'histoire. Les poètes peuvent peindre la vertu sous ses couleurs les plus charmantes ; mais comme ils ne s'adressent qu'aux passions, ils se font souvent les avocats du vice. Même les philosophes sont portés à s'embrouiller dans les subtilités de leurs spéculations ; et nous en avons vu certains aller jusqu'à nier la réalité de toutes les distinctions morales. Or c'est, je crois, une remarque digne de l'attention de celui qui réfléchit, que presque tous les historiens ont été les vrais amis de la vertu et l'ont toujours représentée sous ses justes couleurs, même s'ils ont pu errer dans leurs jugements, en tant que particuliers. Machiavel lui-même témoigne d'un véritable sentiment pour la vertu dans son histoire de Florence. Quand il parle en philosophe *politique* dans ses raisonnements généraux, il considère l'empoisonnement, l'assassinat et le parjure comme faisant partie des arts légitimes du pouvoir ; mais, quand il parle en *historien* dans ses narrations particulières, il montre en maints passages une si vive indignation envers le vice et une si chaude ardeur à approuver la vertu, que je ne puis m'empêcher de lui appliquer cette remarque d'Horace que, même si vous chassez la nature en l'accablant des pires

indignity, she will always return upon you. Nor is this combination of historians in favour of virtue at all difficult to be accounted for. When a man of business enters into life and action, he is more apt to consider the characters of men, as they have relation to his interest, than as they stand in themselves; and has his judgment warped on every occasion by the violence of his passion. When a philosopher contemplates characters and manners in his closet, the general abstract view of the objects leaves the mind so cold and unmoved, that the sentiments of nature have no room to play, and he scarce feels the difference between vice and virtue. History keeps in a just medium betwixt these extremes, and places the objects in their true point of view. The writers of history, as well as the readers, are sufficiently interested in the characters and events, to have a lively sentiment of blame or praise; and, at the same time, have no particular interest or concern to pervert their judgment.

> *Veræ voces tum demum pectore ab imo*
> *Eliciuntur.*
> Lucret.

outrages, elle revient toujours[1]. Et cette rencontre des historiens en faveur de la vertu est très aisée à comprendre. Quand un homme d'entreprise se jette dans la vie et dans l'action, il est porté à considérer les caractères des hommes dans la relation qu'ils ont avec son propre intérêt, plutôt qu'à les prendre tels qu'ils sont : et son jugement est en chaque occasion faussé par la violence de sa passion. Quand un philosophe contemple les mœurs et les caractères depuis le fond de son cabinet, la vue générale et abstraite qu'il prend de ces objets laisse son esprit si froid et impassible que les sentiments de la nature n'y peuvent trouver place ; et il sent à peine la différence entre le vice et la vertu. L'histoire garde le juste milieu entre ces extrêmes et place les objets sous leur véritable jour. Avec elle, auteurs et lecteurs portent assez d'intérêt aux caractères et aux événements pour ressentir un vif sentiment d'approbation ou de blâme ; sans que le soin de leur avantage particulier ne vienne corrompre leur jugement.

> *Veræ voces tum demum pectore ab imo*
> *Eliciuntur.*
> Lucrèce[2].

---

1. Horace, *Épîtres*, I, 10, v. 24-25. « Naturam expellas furca, tamen usque recurret / Et mala perrumpet furtim fastidia victrix ».
2. Lucrèce, *De la nature*, III, 57-58 : « Alors seulement les voix de la vérité jaillissent du fond du cœur ».

## OF THE RISE AND PROGRESS
## OF THE ARTS AND SCIENCES [*]

1. Nothing requires greater nicety, in our enquiries concerning human affairs, than to distinguish exactly what is owing to *chance*, and what proceeds from *causes*; nor is there any subject in which an author is more liable to deceive himself by false subtleties and refinements. To say that any event is derived from chance, cuts short all further enquiry concerning it, and leaves the writer in the same state of ignorance with the rest of mankind. But when the event is supposed to proceed from certain and stable causes, he may then display his ingenuity, in assigning these causes; and as a man of any subtlety can never be at a loss in this particular, he has thereby an opportunity of swelling his volumes, and discovering his profound knowledge, in observing what escapes the vulgar and ignorant.

2. The distinguishing between chance and causes must depend upon every particular man's sagacity, in considering every particular incident. But, if I were to assign any general rule to help us in applying this distinction,

[*] Cet essai parut dans l'édition de 1742 et fut toujours reproduit dans les éditions suivantes.

## DE L'ORIGINE ET DU PROGRÈS
## DES ARTS ET DES SCIENCES

1. Rien ne demande plus de finesse, dans les recherches touchant les affaires humaines, que de distinguer exactement entre ce qui est dû au *hasard* et ce qui est produit par les *causes*; et il n'y a pas de sujets où les auteurs soient plus enclins à s'abuser eux-mêmes par de fausses subtilités et de vains raffinements. Dire qu'un événement a été produit par hasard coupe court à toute recherche ultérieure et laisse l'auteur dans le même état d'ignorance où se trouve le reste des hommes. Mais quand l'événement est censé suivre de causes certaines et stables, notre auteur peut alors déployer tout son génie dans la détermination de ces causes. Et comme un esprit qui a quelque subtilité ne sera ici jamais en reste, il trouvera ainsi l'occasion de gonfler ses écrits et de faire la preuve de la profondeur de ses connaissances, en observant ce qui échappe au vulgaire et aux ignorants.

2. Pour faire cette distinction entre le hasard et les causes, chacun doit s'en rapporter à sa propre sagacité, chaque fois qu'il examine un événement particulier. Mais si je devais établir une règle générale qui pût nous aider à appliquer cette distinction,

it would be the following, *What depends upon a few persons is, in a great measure, to be ascribed to chance, or secret and unknown causes; what arises from a great number, may often be accounted for by determinate and known causes*.

3. Two natural reasons may be assigned for this rule. First, If you suppose a die to have any bias, however small, to a particular side, this bias, though, perhaps, it may not appear in a few throws, will certainly prevail in a great number, and will cast the balance entirely to that side. In like manner, when any *causes* beget a particular inclination or passion, at a certain time, and among a certain people, though many individuals may escape the contagion, and be ruled by passions peculiar to themselves, yet the multitude will certainly be seized by the common affection, and be governed by it in all their actions.

4. Secondly, those principles or causes which are fitted to operate on a multitude, are always of a grosser and more stubborn nature, less subject to accidents, and less influenced by whim and private fancy, than those which operate on a few only. The latter are commonly so delicate and refined that the smallest incident in the health, education, or fortune of a particular person, is sufficient to divert their course, and retard their operation; nor is it possible to reduce them to any general maxims or observations. Their influence at one time will never assure us concerning their influence at another; even though all the general circumstances should be the same in both cases.

5. To judge by this rule, the domestic and the gradual revolutions of a state must be a more proper subject of

ce serait la suivante : *tout ce qui est relatif à un petit nombre d'hommes doit s'attribuer de préférence au hasard, ou à des causes secrètes et inconnues; tout ce qui est relatif à un grand nombre peut souvent s'expliquer par des causes connues et déterminées.*

3. Deux raisons naturelles viennent à l'appui de cette règle. Premièrement, supposons qu'un dé ait tendance, même faiblement, à se tourner d'un certain côté, cette tendance, qui peut ne pas apparaître après quelques jets, finira certainement par prévaloir après un grand nombre, et fera pencher l'avantage entièrement dudit côté. De la même façon, lorsque dans un temps et chez un peuple donnés, certaines causes font naître une inclination ou une passion particulière, il se peut que beaucoup d'individus échappent à la contagion et soient gouvernés par des passions qui leur sont propres; mais à coup sûr cette affection commune aura saisi la multitude et la commandera dans toutes ses actions.

4. Deuxièmement, ces principes ou ces causes qui sont capables d'agir sur une multitude sont toujours d'une nature plus matérielle et plus opiniâtre, moins soumise aux accidents et moins sujette au caprice et à la fantaisie de chacun que ne le sont celles qui agissent sur un petit nombre seulement. Ces dernières sont ordinairement d'une telle finesse et d'une telle délicatesse que le moindre changement qui arrive dans la santé, l'éducation ou la fortune d'un particulier, suffit à détourner leur cours et à retarder leur action; et il est impossible de les ramener à des maximes ou des observations générales. Leur influence aujourd'hui ne garantira jamais leur influence demain, même si toutes les circonstances générales devaient rester exactement les mêmes.

5. Il résulte de notre règle que les révolutions intérieures et progressives des États sont certainement plus propices au

reasoning and observation, than the foreign and the violent, which are commonly produced by single persons, and are more influenced by whim, folly, or caprice, than by general passions and interests. The depression of the Lords, and rise of the commons in England, after the statutes of alienation and the increase of trade and industry, are more easily accounted for by general principles, than the depression of the Spanish, and rise of the French monarchy, after the death of Charles Quint. Had Harry IV, Cardinal Richelieu, and Louis XIV been Spaniards; and Philip II, III and IV and Charles II been Frenchmen, the history of these two nations had been entirely reversed.

6. For the same reason, it is more easy to account for the rise and progress of commerce in any kingdom, than for that of learning; and a state which should apply itself to the encouragement of the one, would be more assured of success than one which should cultivate the other. Avarice, or the desire of gain, is an universal passion which operates at all times, in all places, and upon all persons; but curiosity, or the love of knowledge, has a very limited influence, and requires youth, leisure, education, genius, and example, to make it govern any person. You will never want booksellers, while there are buyers of books; but there may frequently be readers where there are no authors. Multitudes of people, necessity and liberty, have begotten commerce in Holland; but study and application have scarcely produced any eminent writers.

raisonnement et à l'observation que ne le sont les révolutions étrangères et brusques, qui sont pour l'ordinaire l'ouvrage de quelque particulier, ouvrage soumis à l'inconstance, à la folie et au caprice, plus qu'aux passions et aux intérêts généraux. L'abaissement des Lords et l'élévation des Communes en Angleterre, à la suite des statuts d'aliénation [1] et du développement du commerce et de l'industrie, sont plus aisés à expliquer par des principes généraux que ne le sont l'abaissement de la monarchie espagnole et l'élévation de la monarchie française, après la mort de Charles-Quint. Si Henri IV, le Cardinal Richelieu et Louis XIV avaient été espagnols, si Philippe II, Philippe III, Philippe IV et Charles II avaient été français, l'histoire de ces deux nations aurait suivi un cours opposé.

6. Pour la même raison, il est plus facile d'expliquer dans un royaume la naissance et les progrès du commerce que la naissance et les progrès du savoir; et un État qui travaillerait à favoriser le premier aurait plus de promesse de succès que celui qui cultiverait le second. L'avarice, qui est le désir du gain, est une passion universelle qui agit en tous temps, en tous lieux, sur toutes les personnes; mais la curiosité, qui est l'amour de la connaissance, a une influence très limitée; et elle demande de la jeunesse, du loisir, de l'éducation, du génie, de bons exemples, sans quoi elle ne peut gouverner les esprits. On ne manquera jamais de libraires, tant qu'il y aura des acheteurs de livres; mais il peut souvent y avoir des lecteurs là où il n'y a pas d'auteurs. Le nombre de la population, le besoin et la liberté ont donné naissance au commerce en Hollande; mais l'étude et l'application n'y ont produit que fort peu d'écrivains éminents.

---

1. Hume évoque ainsi les diverses mesures visant à traiter les biens immobiliers selon les mêmes règles d'aliénation que toute autre propriété.

7. We may, therefore, conclude, that there is no subject in which we must proceed with more caution, than in tracing the history of the arts and sciences; lest we assign causes which never existed, and reduce what is merely contingent to stable and universal principles. Those who cultivate the sciences in any state, are always few in number; the passion which governs them limited; their taste and judgment delicate and easily perverted; and their application disturbed with the smallest accident. Chance, therefore, or secret and unknown causes, must have a great influence on the rise and progress of all the refined arts.

8. But there is a reason which induces me not to ascribe the matter altogether to chance. Though the persons, who cultivate the sciences with such astonishing success, as to attract the admiration of posterity, be always few, in all nations and all ages, it is impossible but a share of the same spirit and genius must be antecedently diffused throughout the people among whom they arise, in order to produce, form, and cultivate, from their earliest infancy, the taste and judgment of those eminent writers. The mass cannot be altogether insipid, from which such refined spirits are extracted. *There is a God within us*, says Ovid, *who breathes that divine fire, by which we are animated*[a]. Poets, in all ages, have advanced this claim to inspiration. There is not, however, any thing supernatural in the case. Their fire is not kindled from heaven. It only runs along the earth, is caught from one breast to another; and burns brightest, where the materials are best prepared, and most happily disposed. The

a. Est Deus in nobis; agitante calescimus illo: / Impetus hic, sacræ semina mentis habet. (Ovid, Fast. lib. I)

7. Concluons donc qu'il n'est pas de sujet où il faille procéder avec plus d'attention que lorsqu'on retrace l'histoire des arts et des sciences ; de peur de fixer des causes qui n'ont jamais existé ou de ramener ce qui n'est que contingent à des principes stables et universels. Dans tous les pays, ceux qui cultivent les sciences font toujours un petit nombre ; la passion qui les anime a ses bornes ; leur goût est délicat, leur jugement est gâté par un rien ; le plus petit accident trouble l'application dont ils sont capables. Le hasard ou certaines causes secrètes et inconnues exercent donc toujours une grande influence sur la naissance et le progrès de tous les arts qui demandent du raffinement.

8. Mais il y a une raison qui m'incite à ne pas tout rapporter au hasard. Certes, ceux qui cultivent les sciences avec assez de succès et d'éclat pour retenir l'admiration de la postérité ne sont jamais très nombreux, quel que soit le pays ou l'époque ; mais pour produire, former et cultiver, dès leur prime enfance, le goût et le jugement de ces auteurs éminents, il faut qu'une part de ce même esprit et de ce même génie soit déjà répandue dans le peuple au sein duquel ils s'élèvent. Il n'est pas possible que des esprits aussi exquis s'extraient d'une masse totalement stupide. *Il y a un Dieu à l'intérieur de nous*, dit Ovide, *qui souffle ce feu divin dont nous sommes animés*[a]. En tous temps les poètes ont revendiqué cette inspiration. Il n'y a là cependant rien de surnaturel. Ce feu qui les anime ne descend pas du ciel. Il court sur la terre ; il passe d'une poitrine à l'autre ; il brûle des flammes les plus vives, quand il trouve les matériaux les mieux préparés et les plus heureusement disposés. Ainsi, la

---

a. Est Deus in nobis ; agitante calescimus illo : / Impetus hic, sacrae semina mentis habet. (Ovide, *Fast. lib. 1* [*Les Fastes*, VI, v. 5-6].)

question, therefore, concerning the rise and progress of the arts and sciences, is not altogether a question concerning the taste, genius, and spirit of a few, but concerning those of a whole people, and may, therefore, be accounted for, in some measure, by general causes and principles. I grant that a man, who should enquire why such a particular poet, as Homer, for instance, existed, at such a place, in such a time, would throw himself headlong into chimæra, and could never treat of such a subject, without a multitude of false subtleties and refinements. He might as well pretend to give a reason, why such particular generals, as Fabius and Scipio, lived in Rome at such a time, and why Fabius came into the world before Scipio. For such incidents as these, no other reason can be given than that of Horace:

*Scit genius, natale comes, qui temperat astrum,*
*Naturæ Deus humanæ, mortalis in unum —*
*— Quodque caput, vultu mutabilis, albus et ater.*

9. But I am persuaded that in many cases good reasons might be given, why such a nation is more polite and learned, at a particular time, than any of its neighbours. At least, this is so curious a subject that it were a pity to abandon it entirely, before we have found whether it be susceptible of reasoning, and can be reduced to any general principles.

10. My first observation on this head is, *That it is impossible for the arts and sciences to arise, at first,*

question de la naissance et du progrès des arts et des sciences ne concerne-t-elle pas le goût, le génie et l'esprit de quelques-uns seulement, mais bien de tout un peuple ; on peut donc la résoudre, jusqu'à un certain point, par des causes et des principes généraux. J'accorde volontiers que celui qui voudrait chercher pourquoi un poète, Homère par exemple, a existé à tel endroit, à telle époque, se jetterait tête baissée dans une entreprise chimérique et ne réussirait pas à traiter ce sujet sans multiplier les fausses subtilités et les raffinements abusifs. Il pourrait aussi bien prétendre expliquer pourquoi des généraux comme Fabius et Scipion vécurent à Rome à leur époque et pourquoi Fabius vint au monde avant Scipion[1]. À ces faits je ne vois pas d'autre raison que celle donnée par Horace :

> Scit genius, natale comes, qui temperat astrum,
> Naturæ Deus humanæ, mortalis in unum-
> Quodque caput, vultu mutabilis, albus et ater[2].

9. Mais je reste persuadé que souvent de bonnes raisons peuvent être données qui font que dans tel ou tel temps une nation est plus polie et plus savante qu'aucune de ses voisines. Du moins, ce sujet est-il assez curieux pour qu'on ne le quitte pas, avant que d'avoir trouvé s'il était possible d'y appliquer le raisonnement et de le ramener à des principes généraux.

10. Ma première observation sur ce point est qu'*il est impossible que les arts et les sciences prennent leur première*

---

1. Fabius Cunctator, général romain durant la seconde guerre punique (218-201) qui s'acheva avec la victoire de Scipion l'Africain sur Hannibal.

2. « Seul le sait le Génie – ce compagnon de notre existence, celui qui règle notre destinée, le dieu de la nature humaine, mortel en chacun, visage changeant, blanc ou noir » (*Épîtres*, livre II, 2, v. 187-189).

*among any people unless that people enjoy the blessing of a free government.*

11. In the first ages of the world, when men are as yet barbarous and ignorant, they seek no further security against mutual violence and injustice, than the choice of some rulers, few or many, in whom they place an implicit confidence, without providing any security, by laws or political institutions, against the violence and injustice of these rulers. If the authority be centered in a single person, and if the people, either by conquest or by the ordinary course of propagation, increase to a great multitude, the monarch, finding it impossible, in his own person, to execute every office of sovereignty, in every place, must delegate his authority to inferior magistrates, who preserve peace and order in their respective districts. As experience and education have not yet refined the judgments of men to any considerable degree, the prince, who is himself unrestrained, never dreams of restraining his ministers, but delegates his full authority to every one whom he sets over any portion of the people. All general laws are attended with inconveniencies, when applied to particular cases; and it requires great penetration and experience, both to perceive that these inconveniencies are fewer than what result from full discretionary powers in every magistrate; and also to discern what general laws are, upon the whole, attended with fewest inconveniencies. This is a matter of so great difficulty, that men may have made some advances, even in the sublime arts of poetry and eloquence, where a rapidity of genius and imagination assists their progress, before they have arrived at

*origine dans un peuple qui ne goûte pas au bonheur d'un
gouvernement libre.*

11. Aux premiers âges du monde, quand les hommes
sont encore barbares et ignorants, l'unique protection qu'ils
cherchent contre les violences et les injustices qu'ils s'infli-
gent mutuellement est de choisir des chefs plus ou moins
nombreux en qui ils placent implicitement leur confiance, sans
songer à se protéger par des lois et des institutions politiques
contre les violences et les injustices de ces chefs. Lorsque
toute l'autorité est concentrée dans une seule personne et que
le peuple, par l'effet des conquêtes ou par une propagation
naturelle, vient à former une grande multitude, le monarque,
sachant qu'il lui est impossible d'exercer seul toutes les
fonctions de la souveraineté, est contraint de déléguer son
autorité à des magistrats subalternes, qui ont charge de préserver la paix et l'ordre dans leurs circonscriptions respectives.
Comme l'expérience et l'éducation n'ont pas encore beaucoup
formé le jugement des hommes, le prince, qui lui-même ne
connaît pas de bornes, ne songe jamais à en imposer à ses
ministres, et il délègue sa pleine autorité à chacun de ceux qu'il
établit au dessus des diverses parties du peuple. Il n'y a point
de lois générales qui n'aient leurs inconvénients, quand on les
applique aux cas particuliers ; et il faut beaucoup de pénétra-
tion et une grande expérience, pour voir que ces inconvénients
sont moindres que ceux qui résultent du pouvoir arbitraire
des magistrats, et pour discerner les lois générales qui, tout
bien pesé, y prêtent le moins. La chose est si difficile que les
hommes ont pu faire des progrès, même dans les arts sublimes
de la poésie et de l'éloquence, où l'élan du génie et de l'imagination les porte dans leur marche, avant que d'être arrivés à

any great refinement in their municipal laws, where frequent trials and diligent observation can alone direct their improvements. It is not, therefore, to be suppose that a barbarous monarch, unrestrained and uninstructed, will ever become a legislator, or think of restraining his *Bashaws* in every province, or even his Cadis in every village. We are told, that the late Czar, though actuated with a noble genius, and smit with the love and admiration of European arts, yet professed an esteem for the Turkish policy in this particular, and approved of such summary decisions of causes as are practised in that barbarous monarchy, where the judges are not restrained by any methods, forms, or laws. He did not perceive how contrary such a practice would have been to all his other endeavours for refining his people. Arbitrary power, in all cases, is somewhat oppressive and debasing; but it is altogether ruinous and intolerable, when contracted into a small compass; and becomes still worse, when the person who possesses it, knows that the time of his authority is limited and uncertain. *Habet subjectos tanquam suos; viles, ut alienos*. He governs the subjects with full authority, as if they were his own; and with negligence or tyranny, as belonging to another. A people, governed after such a manner, are slaves in the full and proper sense of the word; and it is impossible they can ever aspire to any refinements of taste or reason. They dare not so much

beaucoup de perfectionnement dans leurs lois municipales[1] où il faut maints essais renouvelés et une observation assidue pour diriger leurs avancements. Ne supposez donc pas qu'un monarque barbare, sans frein ni instruction, devienne jamais législateur ou qu'il songe à contenir ses *Pachas* dans les provinces ou même ses Cadis dans les villages. On dit que le dernier Tsar[2], bien qu'animé d'un noble génie et pénétré d'amour et d'admiration pour les arts européens, faisait pourtant beaucoup de cas de l'administration turque à cet égard et approuvait des décisions de justice aussi sommaires que celles pratiquées dans cette monarchie barbare, où il n'y a ni procédures, ni formes, ni lois pour modérer les juges. Il ne voyait pas combien cet usage aurait été contraire à tous les efforts qu'il faisait par ailleurs pour raffiner son peuple. Le pouvoir arbitraire ne laisse pas d'opprimer et de dégrader toujours les peuples; mais lorsque son exercice est resserré dans une étroite enceinte, il n'apporte que ruines, il se rend insupportable – et plus funeste encore si la personne qui le détient sait que le temps de son autorité est compté et incertain. *Habet subjectos tanquam suos; viles, ut alienos*[3]. Il gouverne ses sujets avec une autorité sans partage, comme s'ils étaient siens; il les gouverne avec négligence et tyrannie, comme s'ils appartenaient à un autre. Un peuple, s'il est gouverné de cette manière, n'est fait que d'esclaves, dans toute la rigueur du mot; il leur est impossible d'aspirer aux perfectionnements du goût et de la raison – trop heureux seraient-ils encore

1. C'est-à-dire, les lois concernant les affaires intérieures de l'État, par opposition à tout ce qui concerne les affaires extérieures.

2. Pierre le Grand, qui régna de 1682 à 1725.

3. Tacite, *Histoires*, livre I, chap. 37.

as pretend to enjoy the necessaries of life in plenty or security.

12. To expect, therefore, that the arts and sciences should take their first rise in a monarchy, is to expect a contradiction. Before these refinements have taken place, the monarch is ignorant and uninstructed; and, not having knowledge sufficient to make him sensible of the necessity of balancing his government upon general laws, he delegates his full power to all inferior magistrates. This barbarous policy debases the people, and for ever prevents all improvements. Were it possible that, before science were known in the world, a monarch could possess so much wisdom as to become a legislator, and govern his people by law, not by the arbitrary will of their fellow-subjects, it might be possible for that species of government to be the first nursery of arts and sciences. But that supposition seems scarcely to be consistent or rational.

13. It may happen that a republic, in its infant state, may be supported by as few laws as a barbarous monarchy, and may intrust as unlimited an authority to its magistrates or judges. But, besides that the frequent elections by the people, are a considerable check upon authority; it is impossible but, in time, the necessity of restraining the magistrates, in order to preserve liberty, must at last appear and give rise to general laws and statutes. The Roman Consuls, for some time,

de pouvoir jouir du nécessaire avec assez d'abondance et de tranquillité.

12. Ce serait donc une contradiction que d'attendre que les arts et les sciences prennent leur premier essor dans une monarchie. Dans le temps qui précède leur établissement, le monarque est ignorant et inculte; comme il n'a pas assez de connaissance pour se rendre sensible à la nécessité d'appuyer son gouvernement sur des lois générales, il délègue ses pleins pouvoirs à tous les magistrats subalternes. Cette administration barbare dégrade le peuple et l'empêche à jamais de se perfectionner. Certes, s'il se pouvait qu'avant que les sciences fussent connues dans le monde, un monarque possédât assez de sagesse pour s'ériger en législateur et gouverner son peuple par la loi, plutôt que par la volonté arbitraire de quelques sujets qu'il choisit en son sein, il ne serait pas impossible que cette espèce de gouvernement fût le premier berceau des arts et des sciences. Mais cette supposition ne semble guère conséquente ni conforme à la raison.

13. Il peut arriver que dans son enfance une république ait aussi peu de lois pour se soutenir qu'une monarchie barbare et qu'elle confie à ses magistrats ou à ses juges une autorité tout aussi illimitée. Mais outre que cette autorité est considérablement réfrénée par les fréquentes élections où s'exprime le peuple, il est impossible qu'on ne sente pas avec le temps combien il est nécessaire, pour la sauvegarde de la liberté, de contraindre les magistrats et d'avoir recours à des lois générales et à des statuts[1]. Il fut un temps où les consuls romains

---

1. Les *Statutes* sont en Angleterre les lois faites par le législateur, c'est-à-dire, les actes du Parlement, distingués de toutes les autres sources de droit, et notamment de la *Common Law*.

decided all causes, without being confined by any positive statutes, till the people, bearing this yoke with impatience, created the *decemvirs*, who promulgated the *twelve tables*; a body of laws which, though, perhaps, they were not equal in bulk to one English act of parliament, were almost the only written rules which regulated property and punishment, for some ages, in that famous republic. They were, however, sufficient, together with the forms of a free government, to secure the lives and properties of the citizens, to exempt one man from the dominion of another, and to protect every one against the violence or tyranny of his fellow-citizens. In such a situation the sciences may raise their heads and flourish; but never can have being amidst such a scene of oppression and slavery, as always results from barbarous monarchies, where the people alone are restrained by the authority of the magistrates, and the magistrates are not restrained by any law or statute. An unlimited despotism of this nature, while it exists, effectually puts a stop to all improvements, and keeps men from attaining that knowledge which is requisite to instruct them in the advantages, arising from a better police and more moderate authority.

14. Here then are the advantages of free states. Though a republic should be barbarous, it necessarily, by an infallible operation, gives rise to LAW, even before mankind have made any considerable advances in the other sciences. From law arises security; from security curiosity; and from curiosity

décidaient de toutes les causes sans être limités par des statuts positifs, jusqu'au jour où le peuple, qui supportait ce joug avec impatience, créa les *Decemvirs* qui promulguèrent les *Douze Tables*[1] – un corps de lois qui, il est vrai, n'égalaient peut-être pas le volume d'un seul acte du Parlement anglais, mais qui furent quasi les seules lois écrites que connut cette illustre république, pendant des générations, pour régler la propriété et fixer les peines. Associées aux formes d'un gouvernement libre, elles suffirent à protéger la vie et la propriété des citoyens, à préserver tout un chacun de la domination d'autrui et à le garder de la violence ou de la tyrannie de ses concitoyens. Dans une telle situation, les sciences peuvent percer et fleurir. Mais la chose est impossible dans le monde d'oppression et d'esclavage que les monarchies barbares produisent toujours, quand le peuple est contraint par l'autorité des magistrats, sans que ces magistrats eux-mêmes ne soient contraints par aucune loi ni par aucun statut. Un despotisme aussi illimité, tant qu'il existe, fait positivement obstacle à tout progrès et empêche les hommes d'acquérir les connaissances qui les instruiraient des avantages attachés à une meilleure administration et à une autorité plus modérée.

14. Ici donc paraissent les avantages des États libres. Quelque barbare qu'elle soit, une république sera conduite nécessairement, par une opération infaillible, à donner naissance à la LOI, avant même que les hommes se soient beaucoup avancés dans les autres sciences. De la loi naît la sécurité; de la sécurité, la curiosité; et de la curiosité, la

---

1. Pour satisfaire les plébéiens, toujours ignorants de la loi selon laquelle les patriciens les jugeaient, une commission de dix magistrats fut créée, qui rédigea la Loi des Douze Tables (gravée sur douze tables de bronze exposées au Forum). Cette Loi est la plus ancienne codification du droit romain.

knowledge. The latter steps of this progress may be more accidental; but the former are altogether necessary. A republic without laws can never have any duration. On the contrary, in a monarchical government, law arises not necessarily from the forms of government. Monarchy, when absolute, contains even something repugnant to law. Great wisdom and reflexion can alone reconcile them. But such a degree of wisdom can never be expected, before the greater refinements and improvements of human reason. These refinements require curiosity, security, and law. The first growth, therefore, of the arts and sciences can never be expected in despotic governments[1].

15. There are other causes, which discourage the rise of the refined arts in despotic governments; though I take the want of laws, and the delegation of full powers to every petty magistrate, to be the principal. Eloquence certainly springs up more naturally in popular governments; emulation too in every accomplishment must there be more animated and enlivened; and genius and capacity have a fuller scope and career. All these causes render free governments the only proper nursery for the arts and sciences.

1. *1742 to 1768 editions add*: According to the necessary progress of things, law must precede science. In republics law may precede science, and may arise from the very nature of government. In monarchies it arises not from the nature of the government, and cannot precede science. An absolute prince, who is barbarous, renders all his ministers and magistrates as absolute as himself; and there needs no more to prevent, for ever, all industry, curiosity and science.

connaissance. Les derniers degrés de cette progression peuvent être plus accidentels, mais les premiers sont absolument nécessaires. Une république sans loi ne peut avoir de durée. Au contraire, dans un gouvernement monarchique, la loi n'est pas une suite nécessaire des formes du gouvernement. Quand elle est absolue, la monarchie contient même quelque chose qui répugne à la loi. À moins de beaucoup de sagesse et de réflexion, on ne saurait les réconcilier. Mais pour obtenir tant de sagesse, il faut que la raison humaine ait été cultivée et perfectionnée bien davantage encore. Ces perfectionnements demandent de la curiosité, de la sécurité et partant la loi. D'où il paraît clairement que le premier essor des arts et des sciences ne saurait être demandé à des gouvernements despotiques [1].

15. D'autres causes encore ne laissent pas de décourager la naissance des arts libéraux dans ces gouvernements, quoique je tienne que la principale est l'absence des lois et la délégation des pleins pouvoirs au moindre des magistrats. Il est certain que l'éloquence jaillit plus naturellement dans les gouvernements populaires; l'émulation y est plus vive aussi, plus animée, en tout genre d'accomplissement; enfin le génie et le talent y connaissent une carrière plus vaste. Toutes ces causes font des gouvernements libres le seul berceau des arts et des sciences.

---

1. *Les éditions de 1742 à 1768 poursuivent ainsi*: En vertu du progrès nécessaire des choses, la loi doit précéder la science. Dans les républiques, la loi peut précéder la science et naître de la nature même du gouvernement. Dans les monarchies, elle ne naît pas de la nature du gouvernement et ne peut précéder la science. Un prince absolu, si c'est un prince barbare, fait tous ses ministres et tous ses magistrats aussi absolus que lui-même. Et il n'en faut pas davantage pour interdire à jamais toute espèce d'industrie, de curiosité et de science.

16. The next observation, which I shall make on this head, is *that nothing is more favourable to the rise of politeness and learning, than a number of neighbouring and independent states, connected together by commerce and policy*. The emulation which naturally arises among those neighbouring states, is an obvious source of improvement. But what I would chiefly insist on is the stop which such limited territories give both to *power* and to *authority*.

17. Extended governments, where a single person has great influence, soon become absolute; but small ones change naturally into commonwealths. A large government is accustomed by degrees to tyranny; because each act of violence is at first performed upon a part, which, being distant from the majority, is not taken notice of, nor excites any violent ferment. Besides, a large government, though the whole be discontented, may, by a little art, be kept in obedience; while each part, ignorant of the resolutions of the rest, is afraid to begin any commotion or insurrection. Not to mention that there is a superstitious reverence for princes, which mankind naturally contract when they do not often see the sovereign, and when many of them become not acquainted with him so as to perceive his weaknesses. And as large states can afford a great expence, in order to support the pomp of majesty, this is a kind of fascination on men, and naturally contributes to the enslaving of them.

18. In a small government, any act of oppression is immediately known throughout the whole; the murmurs and discontents, proceeding from it, are easily communicated; and the indignation arises the higher, because the subjects are not apt to apprehend in such states, that the distance is very wide

16. La seconde observation que je ferai sur ce chapitre est que *rien ne favorise davantage l'essor de la politesse et du savoir qu'un nombre d'États voisins et indépendants qui sont liés entre eux par des relations commerciales et politiques.* L'émulation qui jaillit naturellement entre ces États voisins est une source évidente de perfectionnement. Mais ce que je voudrais surtout retenir, c'est combien de tels territoires limités bornent la croissance du *pouvoir* et de l'*autorité*.

17. Des gouvernements étendus, où une personne particulière jouit d'une grande influence, deviennent bientôt absolus ; tandis que de petits gouvernements se changent naturellement en républiques. Un vaste gouvernement s'accoutume par degrés à la tyrannie, car c'est sur une partie que s'exerce d'abord chaque acte de violence et cette partie, éloignée des autres, n'attire pas l'attention ni n'excite de forte agitation. De plus, quand même le mécontentement serait général, il ne faut pas beaucoup d'art pour maintenir un vaste gouvernement dans l'obéissance, chaque partie ignorant la résolution des autres et n'osant prendre l'initiative de l'agitation ou de l'insurrection. Ne parlons pas de cette vénération superstitieuse pour les princes que les hommes contractent spontanément, quand ils ne voient que rarement leur souverain et qu'ils sont peu nombreux à le connaître assez pour percevoir ses faiblesses. Et comme les vastes États sont capables de grandes dépenses pour soutenir les fastes de la majesté, il s'ensuit une sorte de fascination qui contribue naturellement à asservir les hommes.

18. Dans un petit gouvernement, tout fait d'oppression est immédiatement connu à travers le corps entier ; les murmures et les mécontentements qu'il suscite se répandent aisément ; et l'indignation croît d'autant plus que les sujets ne sont pas portés à admettre dans de tels États que la distance soit très grande

between themselves and their sovereign. « No man », said the prince of Condé, « is a hero to his *Valet de Chambre*[1] ». It is certain that admiration and acquaintance are altogether incompatible towards any mortal creature[2]. Sleep and love convinced even Alexander himself that he was not a God; but I suppose that such as daily attended him could easily, from the numberless weaknesses to which he was subject, have given him many still more convincing proofs of his humanity.

19. But the divisions into small states are favourable to learning, by stopping the progress of *authority* as well as that of *power*. Reputation is often as great a fascination upon men as sovereignty, and is equally destructive to the freedom of thought and examination. But where a number of neighbouring states have a great intercourse of arts and commerce, their mutual jealousy keeps them from receiving too lightly the law from each other, in matters of taste and of reasoning, and makes them examine every work of art with the greatest care and accuracy. The contagion of popular opinion spreads not so easily from one place to another. It readily receives a check in some state or other, where it concurs not with the prevailing prejudices. And nothing but nature and reason, or, at least, what bears them a strong resemblance, can force its way through all obstacles, and unite the most rival nations into an esteem and admiration of it.

1. En français dans le texte.
2. *1742 to 1753-1754 editions proceed* : Antigonous, being complimented by his flatterers, as a deity, and as the son of that glorious planet, which illuminates the universe, *upon that head*, says he, *you may consult the person that empties my close stool*.

entre eux-mêmes et leur souverain. Le Prince de Condé disait :
« nul n'est un héros pour son *valet de chambre* ». Il est certain
que l'admiration ne s'accommode pas de la familiarité, de
quelque créature mortelle qu'il s'agisse [1]. Deux choses réussi-
rent à convaincre Alexandre lui-même qu'il n'était pas un dieu :
le sommeil et l'amour; mais j'imagine que son entourage
de tous les jours, qui pouvait remarquer les innombrables
faiblesses auxquelles il était sujet, eût pu donner aisément
maintes preuves plus convaincantes de son humanité.

19. Mais ces divisions en de petits États, qui font obstacle
aux progrès du *pouvoir*, arrêtent tout autant les progrès de
l'*autorité*, au grand bénéfice de la connaissance. L'attrait de la
renommée n'est pas moindre souvent que celui de la souveraineté, ni moins funeste à la liberté de pensée et d'examen.
Mais quand plusieurs États voisins entretiennent un grand
nombre d'échanges dans les arts et dans le commerce, la rivalité jalouse qui les anime les garde de recevoir trop à la légère
la loi d'autrui, en matière de goût et de raisonnement, et leur
font examiner les productions de l'art avec le plus grand soin
critique. La contagion de l'opinion populaire ne se répand pas
si aisément d'un lieu à l'autre. Elle est rapidement enrayée
dans quelque État, là où elle heurte les préjugés dominants. Il
n'y a que la nature et la raison, ou du moins ce qui est à leur
image, qui peuvent se frayer un passage à travers tous les
obstacles et réunir les nations malgré leur rivalité, en forçant
leur estime et leur admiration.

---

1. *Les éditions de 1742 à 1753-1754 poursuivent ainsi* : À ses flatteurs qui,
dans leurs compliments, faisaient de lui un dieu, vrai fils de cette glorieuse
planète qui illumine l'univers, Antigone répondait : *sur ce point, vous pouvez
consulter la personne qui vide ma chaise percée.* [Antigone fut l'un des
généraux qui se partagèrent et se disputèrent l'empire d'Alexandre.]

20. Greece was a cluster of little principalities, which soon became republics; and being united both by their near neigh-bourhood, and by the ties of the same language and interest, they entered into the closest intercourse of commerce and learning. There concurred a happy climate, a soil not unfertile, and a most harmonious and comprehensive language; so that every circumstance among that people seemed to favour the rise of the arts and sciences. Each city produced its several artists and philosophers, who refused to yield the preference to those of the neighbouring republics; their contention and debates sharpened the wits of men; a variety of objects was presented to the judgment, while each challenged the prefe-rence to the rest: and the sciences, not being dwarfed by the restraint of authority, were enabled to make such considerable shoots, as are, even at this time, the objects of our admiration. After the Roman *christian* or *catholic* church had spread itself over the civilized world, and had engrossed all the learning of the times, being really one large state within itself, and united under one head, this variety of sects immediately disappeared, and the Peripatetic philosophy was alone admitted into all the schools, to the utter depravation of every kind of learning. But mankind, having at length thrown off this yoke, affairs are now returned nearly to the same situation as before, and Europe is at present a copy at large, of what Greece was formerly a pattern in miniature. We have seen the advantage of this situation in several instances. What checked the progress of the Cartesian philosophy, to which the French nation shewed such a strong propensity towards the end of the last century, but the opposition made to it by the other nations of Europe, who soon discovered the weak sides of that philosophy? The severest scrutiny, which Newton's theory has undergone, proceeded not from his own countrymen, but from foreigners;

20. La Grèce fut d'abord un amas de petites principautés qui devinrent bientôt des républiques; unies par leur proche voisinage, parlant la même langue, liés par les mêmes intérêts, ces républiques entrèrent dans des échanges commerciaux et culturels très étroits. Elles avaient en partage un heureux climat, un sol qui n'était pas infertile, et une langue très harmonieuse et très compréhensive, de sorte que chaque circonstance sembla chez ce peuple favoriser la naissance des arts et des sciences. Chaque cité eut ses artistes et ses philosophes, qui refusaient de céder la préférence à ceux des républiques voisines; leurs disputes et leurs débats aiguisaient les esprits; une abondance d'objets s'offrait au jugement, tandis que chacun revendiquait la préférence; et les sciences, qui n'avaient pas à connaître la contrainte de l'autorité, furent capables d'avancées si considérables qu'elles font encore aujourd'hui l'objet de notre admiration. Lorsque l'Église *chrétienne* ou *catholique*, l'Église de Rome, se fut étendue sur le monde civilisé et se fut emparé de tout le savoir de ces temps-là, n'étant en elle-même qu'un vaste État et étant unie sous un seul chef, cette diversité des sectes disparut immédiatement, et la philosophie péripatéticienne fut la seule admise dans toutes les écoles, au grand dam de toute espèce de connaissance. Mais les hommes ayant enfin secoué ce joug, les choses sont maintenant presque revenues à la situation antérieure, et aujourd'hui l'Europe est en grand la copie de ce que en petit la Grèce fut autrefois. Nous avons vu l'avantage de cette situation en plusieurs occasions. Qu'est-ce qui arrêta le progrès de la philosophie cartésienne pour laquelle la nation française eut un si fort attachement à la fin du dernier siècle, sinon l'opposition des autres nations d'Europe qui découvrirent bientôt les côtés faibles de cette philosophie? L'examen le plus sévère auquel la théorie de Newton ait été soumis, n'est pas venu de ses concitoyens, mais des étrangers;

and if it can overcome the obstacles which it meets with at present in all parts of Europe, it will probably go down triumphant to the latest posterity. The English are become sensible of the scandalous licentiousness of their stage, from the example of the French decency and morals. The French are convinced that their theatre has become somewhat effeminate, by too much love and gallantry, and begin to approve of the more masculine taste of some neighbouring nations.

21. In China, there seems to be a pretty considerable stock of politeness and science, which, in the course of so many centuries, might naturally be expected to ripen into something more perfect and finished, than what has yet arisen from them. But China is one vast empire, speaking one language, governed by one law, and sympathizing in the same manners. The authority of any teacher, such as Confucius, was propagated easily from one corner of the empire to the other. None had courage to resist the torrent of popular opinion. And posterity was not bold enough to dispute what had been universally received by their ancestors. This seems to be one natural reason, why the sciences have made so slow a progress in that mighty empire [b].

b. If it be asked how we can reconcile to the foregoing principles the happiness, riches, and good police of the Chinese, who have always been governed by a monarch, and can scarcely form an idea of a free government, I would answer that though the Chinese government be a pure monarchy, it is not, properly speaking, absolute. This proceeds from a peculiarity in the situation of that country: they have no neighbours, except the Tartars, from whom they were, in some measure, secured, at least seemed to be secured, by their famous wall, and by the great superiority of their numbers. By this means, military discipline has always been

et si elle réussit à surmonter les obstacles qu'elle rencontre à présent dans toute l'Europe, elle ira probablement triomphante jusqu'à la postérité la plus éloignée. Les Anglais ont pris conscience de la scandaleuse licence de leur théâtre devant l'exemple de décence et de moralité offert par les Français. Les Français à leur tour se sont convaincus que leur théâtre était devenu trop efféminé à force d'amour et de galanterie, et ils commencent à approuver le goût plus mâle de certaines nations voisines.

21. Dans la Chine, il semble y avoir un fonds de politesse et de science qui est assez considérable, et l'on pourrait s'attendre à ce que, au fil de tant de siècles, eût mûri quelque chose de plus parfait et de plus achevé que ce qui en est sorti jusqu'à présent. Mais la Chine est un vaste empire parlant une seule langue, gouverné par une seule loi, uni dans les mêmes mœurs. L'autorité d'un docteur tel que Confucius n'eut pas de difficulté à se propager d'un bout à l'autre de l'empire. Nul n'eut le courage de résister au torrent de l'opinion populaire. Et ceux qui vinrent ensuite n'eurent pas assez d'audace pour contester ce que leurs ancêtres avaient universellement reçu. Voilà, je crois, qui explique naturellement pourquoi les sciences ont fait un progrès aussi lent dans ce puissant empire[b].

b. Si l'on me demandait comment je puis concilier mes principes avec le bonheur, la richesse et l'excellente administration des Chinois qui ont toujours été gouvernés par un unique monarque et qui sont à peine capables de se former l'idée d'une gouvernement libre, je répondrais que, s'il est vrai que le gouvernement chinois est une pure monarchie, cependant il n'est pas à proprement parler absolu. Cela vient d'une particularité de la situation de ce pays. Les Chinois n'ont pas de voisins, à l'exception des Tartares dont ils furent relativement protégés, ou du moins semblèrent protégés, par leur célèbre mur et par leur grande supériorité numérique. De ce fait, la discipline militaire a toujours été

22. If we consider the face of the globe, Europe, of all the four parts of the world, is the most broken by seas, rivers, and mountains; and Greece of all countries of Europe. Hence these regions were naturally divided into several distinct governments. And hence the sciences arose in Greece; and Europe has been hitherto the most constant habitation of them.

23. I have sometimes been inclined to think that interruptions in the periods of learning, were they not attended with such a destruction of ancient books, and the records of history, would be rather favourable to the arts and sciences, by breaking the progress of authority, and dethroning the tyrannical usurpers over human reason. In this particular, they have the same influence, as interruptions in political governments and societies. Consider the blind submission of the ancient philosophers to the several masters in each school, and you will be convinced that little good could be expected from a hundred centuries of such a servile philosophy. Even the Eclectics, who arose about the age of Augustus, notwithstanding their professing to chuse freely what pleased them from every different sect, were

much neglected amongst them; and their standing forces are mere militia, of the worst kind; and unfit to suppress any general insurrection in countries so extremely populous. The sword, therefore, may properly be said to be always in the hands of the people, which is a sufficient restraint upon the monarch, and obliges him to lay his mandarins or governors of provinces under the restraint of general laws, in order to prevent those rebellions, which we learn from history to have been so frequent and dangerous in that government. Perhaps, a pure monarchy of this kind, were it fitted for defence against foreign enemies, would be the best of all governments, as having both the tranquillity attending kingly power, and the moderation and liberty of popular assemblies.

22. Considérons la face du globe : des quatre parties du monde, l'Europe est la plus rompue par les mers, les fleuves et les montagnes, et dans l'Europe la Grèce l'est plus que tout autre pays. D'où vint que ces régions furent naturellement divisées en plusieurs gouvernements distincts ; d'où vint aussi que les sciences naquirent en Grèce et que l'Europe a été jusqu'à présent leur asile le plus constant.

23. Il m'est arrivé parfois de penser que les interruptions dans les périodes de connaissance, pourvu qu'elles ne fussent point accompagnées de la destruction des livres anciens et des registres de l'histoire, seraient plutôt favorables aux arts et aux sciences, en brisant le progrès de l'autorité et en jetant bas les usurpateurs qui tyrannisent la raison humaine. À cet égard, elles ont la même influence que les interruptions dans les gouvernements et les sociétés politiques. Voyez la soumission aveugle des anciens philosophes aux différents maîtres de chaque école, et vous vous persuaderez qu'une philosophie aussi servile n'aurait rien pu produire de bon, quand elle eût duré cent siècles. Même les Éclectiques qui parurent vers l'époque d'Auguste et qui revendiquaient la liberté de retenir ce qui leur convenait dans toutes les différentes sectes, – malgré

très négligée chez eux ; et leurs forces régulières ne valent guère plus qu'une milice de la pire espèce, bien incapable de réprimer une insurrection générale dans des territoires si peuplés. Il est donc juste de dire que l'épée est toujours dans les mains du peuple, ce qui est un frein suffisant au pouvoir du monarque et ce qui le contraint à placer ses mandarins ou ses gouverneurs de provinces sous le contrôle des lois générales, afin de prévenir ces rébellions dont l'histoire nous apprend qu'elles ont été si fréquentes et si dangereuses pour ce gouvernement. Une pure monarchie de cette sorte, pourvu qu'elle soit en état de se défendre contre les ennemis du dehors, serait peut-être le meilleur de tous les gouvernements, car elle joindrait à la tranquillité qui accompagne le pouvoir royal la modération et la liberté des assemblées populaires.

yet, in the main, as slavish and dependent as any of their brethren; since they sought for truth not in nature, but in the several schools; where they supposed she must necessarily be found, though not united in a body, yet dispersed in parts. Upon the revival of learning, those sects of Stoics and Epicureans, Platonists and Pythagoreans, could never regain any credit or authority; and, at the same time, by the example of their fall, kept men from submitting, with such blind deference, to those new sects which have attempted to gain an ascendant over them.

24. The third observation, which I shall form on this head, of the rise and progress of the arts and sciences, is *that, though the only proper* Nursery *of these noble plants be a free state, yet may they be transplanted into any government; and that a republic is most favourable to the growth of the sciences, a civilized monarchy to that of the polite arts*.

25. To balance a large state or society, whether monarchical or republican, on general laws, is a work of so great difficulty that no human genius, however comprehensive, is able, by the mere dint of reason and reflection, to effect it. The judgments of many must unite in this work; experience must guide their labour; time must bring it to perfection; and the feeling of inconveniencies must correct the mistakes which they inevitably fall into, in their first trials and experiments. Hence appears the impossibility that this undertaking should be begun and carried on in any monarchy; since such a form of government, ere civilized, knows no other secret or policy,

cela, même ces Éclectiques furent, d'une manière générale, aussi serviles et dépendants que tous leurs frères en philosophie, puisqu'ils ne cherchaient pas la vérité dans la nature, mais dans les diverses écoles où, supposaient-ils, il fallait qu'elle se trouve à l'état dispersé, faute de faire un corps unique. Depuis la renaissance des Lettres, ces sectes des Stoïciens, des Épicuriens, des Platoniciens et des Pythagoriciens, n'ont jamais pu retrouver de leur crédit ni de leur autorité; et dans le même temps, par l'exemple de leur chute, elles ont gardé les hommes de se soumettre, avec autant d'aveugle déférence, à toutes les nouvelles sectes qui ont tenté de prendre un ascendant sur eux.

24. La troisième observation que je formerai sur ce sujet de la naissance et du progrès des arts et des sciences, est que, *s'il est vrai que la seule* pépinière *qui convienne à ces nobles plantes se trouve dans les États libres, elles peuvent cependant être transplantées en tout gouvernement, et qu'une république favorise davantage la croissance des sciences, et une monarchie civilisée celle des beaux-arts.*

25. Donner son juste équilibre à une société nombreuse, à un vaste État, qu'il soit monarchique ou républicain, en l'appuyant sur des lois générales, est une tâche si difficile qu'aucun génie humain, pour étendu qu'il soit, n'est capable d'y réussir par la seule force du raisonnement et de la réflexion. Pour cet ouvrage, il faut la rencontre d'un grand nombre d'intelligences; il faut que l'expérience guide l'effort, que le temps porte l'action à sa perfection; il faut que l'épreuve de ce qui ne va pas corrige les erreurs où tombent fatalement les premiers essais et les premières expériences. Il suit manifestement que cette entreprise ne peut se commencer ni se poursuivre dans une monarchie, puisqu'une telle forme de gouvernement, avant d'être civilisée, n'a d'autre secret ou de politique

than that of entrusting unlimited powers to every governor or magistrate, and subdividing the people into so many classes and orders of slavery. From such a situation, no improvement can ever be expected in the sciences, in the liberal arts, in laws, and scarcely in the manual arts and manufactures. The same barbarism and ignorance, with which the government commences, is propagated to all posterity, and can never come to a period by the efforts or ingenuity of such unhappy slaves.

26. But though law, the source of all security and happiness, arises late in any government, and is the slow product of order and of liberty, it is not preserved with the same difficulty, with which it is produced; but when it has once taken root, is a hardy plant which will scarcely ever perish through the ill culture of men, or the rigour of the seasons. The arts of luxury, and much more the liberal arts, which depend on a refined taste or sentiment, are easily lost; because they are always relished by a few only, whose leisure, fortune, and genius fit them for such amusements. But what is profitable to every mortal, and in common life, when once discovered, can scarcely fall into oblivion, but by the total subversion of society, and by such furious inundations of barbarous invaders, as obliterate all memory of former arts and civility. Imitation also is apt to transport these coarser and more useful arts from one climate to another, and make them precede the refined arts in their progress; though perhaps they sprang after them in their first rise and propagation. From these causes proceed civilized monarchies; where the arts of government, first invented in free states, are

que de confier des pouvoirs illimités à chaque gouverneur et à chaque magistrat, et de subdiviser le peuple en autant de classes et d'ordres d'esclaves. D'une pareille situation, il ne faut attendre aucun avancement dans les sciences, dans les arts libéraux et les lois, et guère de progrès dans les arts manuels et dans les manufactures. La barbarie et l'ignorance qui ont présidé aux commencements du gouvernement se communiquent à toute la postérité ; et jamais les efforts ni l'habileté de si malheureux esclaves ne parviendront à y mettre un terme.

26. Mais bien que la loi, unique source de toute sécurité et de tout bonheur, ait de la peine à paraître dans un gouvernement, et qu'elle soit le lent produit de l'ordre et de la liberté, il est cependant moins difficile de la préserver que de la produire ; une fois qu'elle a pris racine, c'est une plante robuste qui résistera presque toujours à une mauvaise culture ou à la rigueur des saisons. Les arts du luxe et bien plus encore les arts libéraux qui relèvent d'un goût ou d'un sentiment raffiné, se perdent aisément, car ils ne sont jamais appréciés que par un petit nombre d'hommes, ceux qui ont assez de loisir, de fortune et de génie, pour s'appliquer à de tels divertissements. Au lieu que les découvertes qui sont profitables à tous les mortels et qui s'appliquent à la vie commune, tombent difficilement dans l'oubli, à moins d'un total renversement de la société et d'invasions barbares aux flots si furieux que soit détruite la mémoire des arts et de la vie civile antérieure. L'imitation est aussi capable de transporter ces arts communs et utiles d'un climat à l'autre et de les faire progresser plus avant que les arts raffinés, quoique ceux-ci soient peut-être nés et se soient répandus les premiers. De ces causes résultent les monarchies civilisées, qui, s'étant approprié les arts du gouvernement primitivement inventés dans les États libres, les

preserved to the mutual advantage and security of sovereign and subject.

27. However perfect, therefore, the monarchical form may appear to some politicians, it owes all its perfection to the republican; nor is it possible, that a pure despotism, established among a barbarous people, can ever, by its native force and energy, refine and polish itself. It must borrow its laws, and methods, and institutions, and consequently its stability and order, from free governments. These advantages are the sole growth of republics. The extensive despotism of a barbarous monarchy, by entering into the detail of the government, as well as into the principal points of administration, for ever prevents all such improvements.

28. In a civilized monarchy, the prince alone is unrestrained in the exercise of his authority, and possesses alone a power which is not bounded by any thing but custom, example, and the sense of his own interest. Every minister or magistrate, however eminent, must submit to the general laws, which govern the whole society, and must exert the authority delegated to him after the manner which is prescribed. The people depend on none but their sovereign, for the security of their property. He is so far removed from them, and is so much exempt from private jealousies or interests, that this dependence is scarcely felt. And thus a species of government arises to which, in a high political rant, we may give the name of *Tyranny*, but which, by a just and prudent administration, may afford tolerable security to the people, and may answer most of the ends of political society.

29. But though in a civilized monarchy, as well as in a republic, the people have security for the enjoyment of their property, yet in both these forms of government,

conservent pour l'avantage et la sûreté réciproque du souverain et des sujets.

27. Si parfaite qu'apparaisse donc la forme monarchique à certains politiques, elle doit toute sa perfection à la forme républicaine; et il n'est pas possible qu'un despotisme absolu, établi chez un peuple barbare, puisse jamais se dégrossir et se polir de lui-même, par sa force et son énergie propre. Il doit emprunter aux gouvernements libres ses lois, ses usages et ses institutions, et par conséquent son ordre et sa stabilité. Ces avantages sont le fruit naturel des républiques. Le despotisme étendu des monarchies barbares, en pénétrant le détail du gouvernement aussi bien que les principaux points de l'administration, empêche à jamais une telle évolution favorable.

28. Dans une monarchie civilisée, le prince est seul à ne pas connaître de limites à l'exercice de son autorité et à posséder en propre un pouvoir qui n'est borné que par la coutume, l'exemple et le sens de son propre intérêt. Ministres et magistrats, même les plus éminents, doivent se soumettre aux lois générales qui gouvernent toute la société et exercer l'autorité qui leur est déléguée de la manière qui leur est prescrite. Le peuple ne dépend que du souverain pour la sûreté de sa propriété. Et le souverain est si fort au dessus du peuple, il est si détaché des jalousies et des intérêts privés, que cette dépendance est à peine sentie. Ainsi se développe une espèce de gouvernement que les grandes déclamations politiques peuvent qualifier de *tyrannie*, mais qui par le moyen d'une administration juste et prudente peut apporter au peuple assez de sécurité et répondre à la plupart des fins de la société politique.

29. Mais quoique dans une monarchie civilisée, aussi bien que dans une république, les gens jouissent de leur propriété en grande sécurité, cependant, dans ces deux formes de gouver-

those who possess the supreme authority have the disposal of many honours and advantages, which excite the ambition and avarice of mankind. The only difference is that, in a republic, the candidates for office must look downwards, to gain the suffrages of the people; in a monarchy, they must turn their attention upwards, to court the good graces and favour of the great. To be successful in the former way, it is necessary for a man to make himself *useful*, by his industry, capacity, or knowledge; to be prosperous in the latter way, it is requisite for him to render himself *agreeable*, by his wit, complaisance, or civility. A strong genius succeeds best in republics; a refined taste in monarchies. And consequently the sciences are the more natural growth of the one, and the polite arts of the other.

30. Not to mention, that monarchies, receiving their chief stability from a superstitious reverence to priests and princes, have commonly abridged the liberty of reasoning, with regard to religion, and politics, and consequently metaphysics and morals. All these form the most considerable branches of science. Mathematics and natural philosophy, which only remain, are not half so valuable.

31. Among the arts of conversation, no one pleases more than mutual deference or civility, which leads us to resign our own inclinations to those of our companion, and to curb and conceal that presumption and arrogance, so natural to the human mind. A good-natured man, who is well educated, practises this civility to every mortal, without premeditation or interest. But in order to render that valuable quality general among any people, it seems necessary to assist the natural disposition by some general motive. Where power rises upwards from the people to the great, as in all republics, such

nement, ceux qui détiennent l'autorité suprême ont le pouvoir de dispenser beaucoup d'honneurs et d'avantages qui éveillent l'ambition et l'avarice des hommes. La seule différence est que, dans une république, les candidats à une charge doivent regarder vers le bas, afin de se gagner les suffrages du peuple, au lieu que, dans une monarchie, ils doivent tourner leur attention vers le haut, afin de courtiser les bonnes grâces et les faveurs des grands. Pour réussir dans le premier cas il faut se rendre *utile* par son industrie, sa capacité ou par ses connaissances ; pour prospérer dans le second, il est indispensable de se rendre *agréable* par son esprit, sa complaisance ou sa politesse. Le génie réussit mieux dans les républiques, le bon goût dans les monarchies. C'est pourquoi, les sciences viennent plus naturellement dans les unes, et les beaux-arts dans les autres.

30. À quoi on pourrait ajouter qu'empruntant l'essentiel de leur stabilité au respect superstitieux qui est payé aux prêtres et aux princes, les monarchies ont pris le pli de restreindre la liberté de raisonner dans les affaires de religion et de politique, et partant de métaphysique et de morale – toutes disciplines qui forment les branches les plus importantes de la science. Il ne reste donc que les mathématiques et la philosophie naturelle, lesquelles sont moitié moins estimables.

31. Parmi les arts de la conversation, le plus aimable sans doute est cette déférence mutuelle ou cette politesse qui nous fait sacrifier nos propres inclinations à celles d'autrui et tempérer ou cacher ces présomptions arrogantes, si naturelles à l'esprit humain. Un homme bien né et bien élevé pratique cette civilité envers chacun, sans arrière-pensée ni intérêt. Mais, afin de rendre générale dans une nation cette estimable qualité, il semble qu'il faille conforter la disposition naturelle par des motifs généraux. Là où, comme dans toute république, le pouvoir monte du peuple jusques aux grands, il y a peu de

refinements of civility are apt to be little practised; since the
whole state is, by that means, brought near to a level, and every
member of it is rendered, in a great measure, independent of
another. The people have the advantage, by the authority of
their suffrages; the great, by the superiority of their station. But
in a civilized monarchy, there is a long train of dependence
from the prince to the peasant, which is not great enough to
render property precarious, or depress the minds of the people;
but is sufficient to beget in every one an inclination to please
his superiors, and to form himself upon those models, which
are most acceptable to people of condition and education. Politeness of manners, therefore, arises most naturally in monarchies and courts; and where that flourishes, none of the liberal
arts will be altogether neglected or despised.

32. The republics in Europe are at present noted for want of
politeness. *The good-manners of a Swiss civilized in Holland*[c]
is an expression for rusticity among the French. The English,
in some degree, fall under the same censure, notwithstanding
their learning and genius. And if the Venetians be an exception
to the rule, they owe it, perhaps, to their communication with
the other Italians, most of whose governments beget a
dependence more than sufficient for civilizing their manners.

33. It is difficult to pronounce any judgment concerning
the refinements of the ancient republics in this particular; but I
am apt to suspect that the arts of conversation were not brought
so near to perfection among them as the arts of writing and
composition. The scurrility of the ancient orators, in many
instances, is quite shocking, and exceeds all belief. Vanity too

c. C'est la politesse d'un Suisse, / En Hollande civilisé. (Rousseau)

chance que de tels raffinements de civilité aient cours, puisque de la sorte tout l'État est quasi à niveau et que les citoyens dépendent fort peu les uns des autres. Le peuple a l'avantage par l'autorité de ses suffrages ; les grands par la supériorité de leur position. Mais dans une monarchie civilisée, on va du prince au paysan par une longue chaîne de dépendance, dépendance qui n'est pas assez forte pour rendre la propriété précaire ou pour abattre l'esprit du peuple, mais qui suffit pour créer en chacun le désir de plaire à ses supérieurs et de se conformer aux modèles les plus reçus aux gens de condition et d'éducation. La politesse des mœurs naît donc très naturellement dans les monarchies et les cours ; et là où elle fleurit, aucun des arts libéraux ne sera totalement négligé ou méprisé.

32. Les républiques d'Europe sont aujourd'hui décriées pour leur manque de politesse. *Les bonnes manières d'un Suisse civilisé en Hollande* [c] est chez les Français une expression synonyme de rusticité. Les Anglais, malgré leur savoir et leur génie, n'échappent pas à cette même censure. Et si les Vénitiens sont une exception à la règle, ils le doivent peut-être à leurs relations avec les autres Italiens dont les gouvernements, presque sans exception, imposent une dépendance plus que suffisante à la civilisation des mœurs.

33. Il est difficile de juger quels étaient à cet égard les raffinements des républiques anciennes. Mais je suis enclin à penser que les arts de la conversation n'y étaient pas aussi perfectionnés que les arts de la composition et du style. La grossièreté des orateurs anciens, les exemples en sont multiples, est fort choquante et dépasse l'imagination. La vanité de certains

---

c. C'est la politesse d'un Suisse, / En Hollande civilisé. (Jean-Baptiste Rousseau, « sonnet », *Poésies diverses*, dans *Œuvres*, t. II, 1820, p. 366.)

is often not a little offensive in authors of those ages[d]; as well
as the common licentiousness and immodesty of their style,
*Quicunque impudicus, adulter, ganeo, manu, ventre,* pene,
*bona patria laceraverat,* says Sallust in one of the gravest and
most moral passages of his history. *Nam fuit ante Helenam
Cunnus teterrima belli Causa,* is an expression of Horace, in
tracing the origin of moral good and evil. Ovid and Lucretius[e]
are almost as licentious in their stile as Lord Rochester; though
the former were fine gentlemen and delicate writers, and the
latter, from the corruptions of that court, in which he lived,
seems to have thrown off all regard to shame and decency.
Juvenal inculcates modesty with great zeal, but sets a very bad
example of it, if we consider the impudence of his expressions.

d. It is needless to cite Cicero or Pliny on this head: they are too much
noted. But one is a little surprised to find Arrian, a very grave, judicious writer,
interrupt the thread of his narration all of a sudden, to tell his readers that he
himself is as eminent among the Greeks for eloquence as Alexander was for
arms. Lib. I.

e. This poet (see lib. IV. 1165) recommends a very extraordinary cure for
love, and what one expects not to meet with in so elegant and philosophical a
poem. It seems to have been the original of some of Dr. Swift's images. The
elegant Catullus and Phædrus fall under the same censure.

auteurs de cette époque[d] est souvent aussi d'une impudence qui n'est pas moindre, de même que la licence et l'immodestie ordinaire de leur style. *Quicunque impudicus, adulter, ganeo, manu, ventre, pene, bona laceraverat,* dit Salluste dans l'un des passages de son Histoire les plus graves et les plus empreints de morale[1]. *Nam fuit ante Helenam Cunnus teterrima belli Causa*: la formule est d'Horace qui traite de l'origine du bien et du mal moral[2]. Ovide et Lucrèce[e] ont un style presque aussi licencieux que Lord Rochester[3], bien qu'ils aient été gens de distinction et écrivains délicats, au lieu que l'Anglais, nourri aux débordements de la cour où il vivait, semblait avoir abjuré toute pudeur et toute décence. Juvénal prêche la modestie avec beaucoup de zèle, mais il en donne un très mauvais exemple, si nous en jugeons par l'impudence de ses expressions.

d. Il serait superflu de citer ici Cicéron ou Pline ; ils sont assez connus. Mais on est un peu surpris de voir Arrien, cet auteur si grave et si judicieux, interrompre tout à coup le fil de sa narration, pour déclarer à ses lecteurs qu'il est aussi célèbre chez les Grecs par son éloquence que le fut Alexandre pour ses conquêtes. Lib. 1 [Arrien, *Expédition d'Alexandre*, I, 4].

e. Ce poète (voir lib. IV, 1165) [Lucrèce, *De natura rerum*, livre IV, 165], recommande contre l'amour un remède des plus extraordinaires et qu'on ne s'attend pas à trouver dans un poème aussi élégant et philosophique ; il semble avoir été à l'origine de certaines images du Dr Swift. L'élégant Catulle et l'aimable Phèdre tombent sous la même censure.

1. Salluste, *Catilina*, 14, 2 : « Tous les débauchés, les adultères, les coureurs de tripot qui dans le jeu, la bonne chère, le *sexe*, avaient dilapidé la fortune paternelle… ».

2. Horace, *Satires*, I, 3, 107 : « Car le *con* d'Hélène n'avait pas été le premier à susciter les ravages de guerre ».

3. John Wilmot, second earl of Rochester (1648-1680), poète libertin attaché à la cour de Charles II.

34. I shall also be bold to affirm, that among the ancients, there was not much delicacy of breeding, or that polite deference and respect which civility obliges us either to express or counterfeit towards the persons with whom we converse. Cicero was certainly one of the finest gentlemen of his age; yet I must confess I have frequently been shocked with the poor figure under which he represents his friend Atticus, in those dialogues where he himself is introduced as a speaker. That learned and virtuous Roman, whose dignity, though he was only a private gentleman, was inferior to that of no one in Rome, is there shown in rather a more pitiful light than Philalethes's friend in our modern dialogues. He is a humble admirer of the orator, pays him frequent compliments, and receives his instructions, with all the deference which a scholar owes to his master[f]. Even Cato is treated in somewhat of a cavalier manner in the dialogues *De finibus*[1].

f. ATT. Non mihi videtur ad beate vivendum satis esse virtutem. MAR. At hercule Bruto meo videtur; cujus ego judicium, pace tua dixerim, longe antepono tuo. Tusc. Quæst lib. V.

1. *1742 to 1768 editions proceed*: And It is remarkable, that Cicero, being a great sceptic in matters of religion, and unwilling to determine any thing on that head among the different sects of philosophy, introduces his friends disputing concerning the being and nature of the gods, while he is only a hearer; because, forsooth, it would have been an impropriety for so great a genius as himself, had he spoke, not to have said something decisive on the subject, and have carried every thing before him, as he always does on other occasions. There is also a spirit of dialogue observed in the eloquent books *de Oratore*, and a tolerable equality maintained among the speakers; but then these speakers are the great men of the age preceding the author, and he recounts the conference as only from hearsay.

34. J'ose aussi affirmer que les anciens n'avaient pas beaucoup de savoir-vivre et ne connaissaient guère cette déférence polie, ce respect que la courtoisie nous oblige à manifester ou à contrefaire à l'égard des personnes auxquelles nous avons rapport. Cicéron fut certainement un des hommes les plus distingués de son temps; je dois avouer cependant que souvent j'ai été outré de la triste figure qu'il fait faire à son ami Atticus, dans les dialogues où il s'introduit lui-même et prend la parole. Ce savant et vertueux Romain qui ne le cédait à nul autre à Rome en matière de dignité, quoiqu'il ne fût pas un homme public, y est montré sous une lumière plus pitoyable que ne l'est l'ami de Philalèthe dans nos dialogues modernes. Humble admirateur de notre orateur, qu'il paie de mille compliments, il en reçoit les instructions avec la déférence qu'un écolier doit à son maître[f]. Même Caton est traité assez cavalièrement dans les dialogues *De finibus*[1].

---

f. Cicéron, *Tusculanes*, 5.5. 12 : «*Atticus* : il ne me paraît pas que la vertu suffise à une vie heureuse. *Marcus*. Mais il le paraît à Brutus, je te l'assure; et, avec ta permission, je place son jugement bien au dessus du tien ».

1. *Les éditions de 1742 à 1768 poursuivent ainsi* : Et il est remarquable que Cicéron, ce grand sceptique en matière de religion, peu enclin à décider quoi que ce soit sur ce chapitre entre les différentes sectes de philosophie, fasse disputer ses amis sur l'existence et la nature des dieux, tandis que lui-même se tient en simple auditeur; il croyait apparemment qu'il eût été indigne d'un aussi grand génie que le sien, de parler sans rien dire de décisif sur ce sujet et sans triompher brillamment, comme il le fait toujours en d'autres occasions. Il y a aussi un certain esprit du dialogue dans les livres éloquents du *De oratore*, où une égalité relative se conserve entre les interlocuteurs. Mais ces interlocuteurs sont les grands hommes du temps d'avant et Cicéron rapporte leur conférence comme par ouï-dire.

35. One of the most particular details of a real dialogue, which we meet with in antiquity, is related by Polybius[g]. When Philip, king of Macedon, a prince of wit and parts, met with Titus Flaminius, one of the politest of the Romans, as we learn from Plutarch[h], accompanied with ambassadors from almost all the Greek cities. The Ætolian ambassador very abruptly tells the king that he talked like a fool or a madman (λη̄ρεῖν). *That is evident*, says his majesty, *even to a blind man*; which was a raillery on the blindness of his excellency. Yet all this did not pass the usual bounds; for the conference was not disturbed; and Flaminius was very well diverted with these strokes of humour. At the end, when Philip craved a little time to consult with his friends, of whom he had none present, the Roman general, being desirous also to show his wit, as the historian says, tells him *that perhaps the reason why he had none of his friends with him, was because he had murdered them all*; which was actually the case. This unprovoked piece of rusticity is not condemned by the historian; caused no further resentment in Philip than to excite a Sardonian smile, or what we call a grin; and hindered him not from renewing the conference next day. Plutarch[i] too mentions this raillery amongst the witty and agreeable sayings of Flaminius [1].

g. Lib. XVII.
h. In vita Flamin. c. 2.
i. Plut. In vita Flamin.

1. *1742 to 1768 editions insert*: It is but an indifferent compliment, which Horace pays to his friend Grosphus, in the ode addressed to him. *No one*, says he, *is happy in every respect. And I may perhaps enjoy some advantages, which you are deprived of. You possess great riches. Your bellowing herds cover the*

35. Polybe nous rapporte les détails d'un dialogue réel, l'un des plus précis qui nous aient été conservés de l'antiquité[g]. Philippe, roi de Macédoine, qui ne manquait ni d'esprit ni de talents, rencontre Titus Flaminius, fort honnête homme s'il en fut chez les Romains (comme nous l'apprenons de Plutarque[h]), qui était accompagné des ambassadeurs de presque toutes les cités grecques. L'ambassadeur d'Étolie déclare sans ménagement au roi qu'il parle comme un fou, comme un homme qui délire (ληρεῖν). À quoi Sa Majesté répond : *c'est évident, même à un aveugle*, raillant ainsi la cécité de son Excellence. Tout ceci ne dépassait pas les bornes admises, puisque la conférence ne fut pas troublée. Flaminius se divertit beaucoup de ces traits d'humour. À la fin, quand Philippe demanda un peu de temps pour consulter ses amis dont aucun n'était présent, le général romain, désireux de faire lui aussi preuve d'esprit, lui dit, si l'on en croit l'historien, *que peut-être la raison de l'absence de ses amis tenait à ce qu'il les avait tous occis*; ce qui était effectivement le cas. L'historien ne condamne pas cette grossièreté gratuite. Philippe, quant à lui, n'en éprouva pas de ressentiment, sinon pour esquisser un sourire sardonique, ou comme nous disons, une grimace. Et cela ne l'empêcha pas de reprendre la conférence le lendemain. Plutarque[i] mentionne aussi cette raillerie parmi les bons mots de Flaminius[1].

g. Polybe, *Histoires*, XVIII, 4-7.
h. Plutarque, *Vies*, « La vie de Titus Flaminius », chap. 17.
i. Plutarque, *Vies*, « La vie de Titus Flaminius », chap. 17.

1. *Les éditions de 1742 à 1768 poursuivent ainsi* : C'est un compliment peu banal qu'Horace fait à son ami Grosphus, dans l'ode qu'il lui adresse. *Personne*, dit-il, *n'est heureux en tout. Peut-être profité-je d'avantages dont tu es privé. Tu possèdes de grandes richesses. Tes troupeaux mugissants couvrent les*

36. Cardinal Wolsey apologized for his famous piece of insolence, in saying, EGO ET REX MEUS, *I and my king*, by observing that this expression was conformable to the Latin idiom, and that a Roman always named himself before the person to whom, or of whom he spake. Yet this seems to have been an instance of want of civility among that people. The ancients made it a rule, that the person of the greatest dignity

---

Sicilian *plains. Your chariot is drawn by the finest horses. And you are arrayed in the richest purple. But the indulgent fates, with a small inheritance, have given* me *a fine genius, and have endowed me with a contempt for the malignant judgments of the vulgar* [1]. Phædrus says to his patron, Eutychus, *If you intend to read my works, I shall be pleased. If not, I shall, at least, have the advantage of pleasing posterity* [2]. I am apt to think that a modern poet would not have been guilty of such an impropriety as that which may be observed in Virgil's address to Augustus, when, after a great deal of extravagant flattery, and after having deified the emperor, according to the custom of those times, he, at last, places this god on the same level with himself. *By your gracious nod*, says he, *render my undertaking prosperous; and taking pity*, together with me, *of the Swains ignorant of husbandry, bestow your favourable influence on this work* [3].

Had men, in that age, been accustomed to observe such niceties, a writer so delicate as Virgil would certainly have given a different turn to this sentence. The court of Augustus, however polite, had not yet, it seems, worn off the manners of the republic.

One would not say to a prince or great man, « When you and I were in such a place, we saw such a thing happen ». But, « When you were in such a place, I attended you; and such a thing happened ». Here I cannot forbear mentioning a piece of delicacy observed in France, which seems to me excessive and ridiculous. You must not say, « That is a very fine dog, Madam ». But, « Madam, that is a very fine dog ». They think it indecent that those words, *dog* and *Madam*, should be coupled together in the sentence; though they have no reference to each other in the sense. After all, I acknowledge that this reasoning from single passages of ancient authors may seem

36. Le cardinal Wolsey[1], dont on connaît le mot insolent, EGO ET REX MEUS, *moi et mon roi*, pensa s'en excuser en remarquant que cette expression respectait l'idiome latin et qu'un Romain se nommait toujours avant la personne à qui ou de qui il parlait. Mais cet usage paraît bien être une preuve du manque de politesse chez ce peuple. Les anciens s'étaient fait une règle de mentionner toujours en premier les personnes

plaines siciliennes. *Ta voiture est tirée par les plus beaux chevaux. Et tu es revêtu de la plus riche pourpre. Mais les Parques complaisantes* m'*ont donné avec un petit héritage un beau génie, et une âme qui sait mépriser les jugements malveillants du vulgaire*[1]. Phèdre déclare à son patron Eutychus : *si tu souhaites lire mes œuvres, j'en serai bien aise ; si tu ne le souhaites pas, j'aurai du moins l'avantage de plaire à la postérité*[2]. J'ose penser qu'un poète moderne ne commettrait pas l'inconvenance de Virgile qui, s'adressant à Auguste, commence par prodiguer à l'empereur mille flatteries extravagantes et par le déifier selon la coutume de l'époque, et finit par mettre ce dieu sur le même pied que lui-même : *Seconde mon entreprise*, dit-il, *d'un assentiment bienveillant comme moi prends en pitié ces bergers qui ignorent l'art de l'agriculture et répands ton influence favorable sur ce travail*[3]. Si chez les gens de cette époque ces sortes de raffinements avaient été en usage, un écrivain aussi délicat que Virgile aurait certainement donné un autre tour à sa phrase. La cour d'Auguste, si raffinée qu'elle fût, n'avait pas encore, semble-t-il, effacé toutes les mœurs républicaines.

On ne dirait pas à un prince ou à un grand seigneur : « Lorsque vous et moi nous fûmes en tel lieu, nous vîmes arriver telle chose ». Mais : « Lorsque j'eus l'honneur de vous accompagner en tel lieu, telle chose arriva ». Je ne puis m'empêcher ici de citer un trait de la délicatesse française qui me paraît excessif et ridicule. Vous ne devez pas dire : « C'est une très belle chienne, Madame », mais : « Madame, c'est une très belle chienne ». Les Français pensent qu'il est indécent de juxtaposer dans la phrase les mots *chienne* et *Madame*, mots qui n'ont pourtant aucun rapport par le sens. Je conviens après tout que ce raisonnement tiré de passages détachés et empruntés aux auteurs anciens peut paraître

1. Thomas Wolsey (1451-1530), Cardinal et Lord Chancelier, sous le règne de Henri VIII.

should be mentioned first in the discourse; insomuch, that we find the spring of a quarrel and jealousy between the Romans and Ætolians, to have been a poet's naming the Ætolians before the Romans, in celebrating a victory gained by their united arms over the Macedonians[j]. Thus Livia disgusted Tiberius by placing her own name before his in an inscription[k].

37. No advantages in this world are pure and unmixed. In like manner, as modern politeness, which is naturally so ornamental, runs often into affectation and foppery, disguise and insincerity; so the ancient simplicity, which is naturally

---

fallacious; and that the foregoing arguments cannot have great force, but with those who are well acquainted with these writers, and know the truth of the general position. For instance, what absurdity would it be to assert that Virgil understood not the force of the terms he employs, and could not choose his epithets with propriety? Because in the following lines, addressed also to Augustus, he has failed in that particular, and has ascribed to the Indians a quality which seems, in a manner, to turn his hero into ridicule.

Et te, maxime Cæsar, / Qui nunc extremis Asiæ jam victor in oris / Imbellem avertis Romanis arcibus Indum. (Georg. Lib. 2, 171)

(1) Nihil est ab omni / Parte beatum. / Abstulit clarum cita mors Achillem, / Longa Tithonum minuit senectus, / Et mihi forsan, tibi quod negarit, / Porriget hora. / Te greges centum, Siculæque circum / Mugiunt vaccæ; tibi tollit, hinnitum apta quadrigis equa; te bis Afro / Murice tinctæ / Vestiunt lanæ: mihi parva rura, et / Spiritum Graiæ tenuem Camœnæ / Parca non mendax dedit et malignum / Spernere vulgus. (Lib. 2. Ode 16)

(2) Quem si leges, lætabor; sin autem minus, / Habebunt certe quo se oblectent posteri. (Lib. 3. Prol. 31)

(3) Ignarosque viæ mecum miseratus agrestes / Ingredere, et votis jam nunc assuesce vocari. (Georg. Lib. 1, 41)

j. Ibid.
k. Tacit. Ann. Lib. III cap. 64.

du rang le plus élevé; on sait ainsi qu'une querelle s'éleva et s'envenima entre les Romains et les Étoliens, parce qu'un poète avait nommé les Étoliens avant les Romains, dans un chant où il célébrait la victoire obtenue par leurs armes réunies contre les Macédoniens[j]. De même que Tibère prit en aversion Livie, parce que sur une inscription elle avait fait placer son nom avant le sien[k].

37. Il n'y a point d'avantage en ce monde qui soit pur et sans mélange. La politesse moderne, naturellement si pleine de grâce, se corrompt souvent en affectation et afféterie, en artifice et en tromperie; la simplicité ancienne, naturellement

fallacieux et que les arguments qui précèdent ne peuvent guère avoir d'effet chez ceux qui ne sont pas versés dans l'étude de ces auteurs et qui ne connaissent pas la vérité de la proposition générale. Il serait tout à fait absurde par exemple d'affirmer que Virgile ne connaissait pas la force des termes qu'il emploie ni ne savait choisir ses épithètes avec justesse, parce que dans les vers suivants, où il s'adressse encore à Auguste, il a commis la faute d'attribuer aux Indiens une qualité qui semble en quelque façon tourner son héros en ridicule :

Et te, maxime Cæsar, / Qui nunc extremis Asiæ jam victor in oris / *Imbellem* avertis Romanis arcibus Indum. (Georg. Lib. 2, 170-171)

[« Et toi, immense César, qui, aujourd'hui vainqueur sur les rivages extrêmes de l'Asie écartes des citadelles romaines l'Indien pacifique ».]

(1) Nihil est ab omni / Parte beatum. / Abstulit clarum cita mors Achillem, / Longa Tithonum minuit senectus, / Et mihi forsan, tibi quod negarit, / Porriget hora. / Te greges centum, siculæque circum / Mugiunt vaccæ : tibi tollit, hinnitum / Apta quadrigis equa : te bis Afro / Murice tinctæ / Vestiunt lanæ : mihi parva rua, & / Spiritum Graiæ tenuem Camenæ / Parca non mendax dedit & malignum / Spernere vulgus. (Lib. 2, Ode 16).

(2) Quem si leges, lætabor; sin autem minus, / Habebunt certe quo se oblectent posteri. (Lib. 3, Prol. 31).

(3) Ignarosque viæ *mecum* miseratus agrestes / Ingredere & votis jam nunc assuesce vocari. (Georg. Lib. 1, 41).

j. Plutarque, *Vies*, « Vie de Titus Flaminius », chap. 9.

k. Tacite, *Annales*, livre III, chap. 64.

so amiable and affecting, often degenerates into rusticity and abuse, scurrility and obscenity.

38. If the superiority in politeness should be allowed to modern times, the modern notions of gallantry, the natural produce of courts and monarchies, will probably be assigned as the causes of this refinement. No one denies this invention to be modern[1]; but some of the more zealous partizans of the ancients have asserted it to be foppish and ridiculous, and a reproach, rather than a credit, to the present age[m]. It may here be proper to examine this question.

39. Nature has implanted in all living creatures an affection between the sexes, which, even in the fiercest and most rapacious animals, is not merely confined to the satisfaction of the bodily appetite, but begets a friendship and mutual sympathy, which runs through the whole tenor of their lives. Nay, even in those species, where nature limits the indulgence of this appetite to one season and to one object, and forms a kind of marriage or association between a single male and female, there is yet a visible complacency and benevolence which extends further, and mutually softens the affections of the sexes towards each other[1]. How much more must this have place in man, where the confinement of the appetite is not natural,

l. In *the Self-Tormentor* of Terence, Clinias, whenever he comes to town, instead of waiting on his mistress, sends for her to come to him.

m. Lord Shaftesbury, see his *Moralists*.

1. *1742 to 1768 editions add the following quotation*: «Tutti gli altri animai che sono in terra, / O che vivon quieti & stanno in pace; / O se vengon a rissa, et si fan guerra, / A la femina il maschio non la face. / L'orsa con l'orso al bosco sicura erra, / La Leonessa apprésso il Leon giace, / Con Lupo vive il Lupa sicura, / Nè la Giuvenca ha del Torel paura». (Ariosto, Canto 5)

si aimable et si touchante, dégénère souvent en rusticité et goujaterie, en grossièreté et en obscénité.

38. S'il faut accorder la palme de la politesse aux temps modernes, on ira probablement chercher les causes de ce raffinement dans les notions modernes de la galanterie, ce produit naturel des cours et des monarchies. Nul ne nie que ce soit une invention moderne[1]. Mais certains des partisans les plus zélés des anciens ont affirmé que c'est là chose frivole et ridicule, qui fait la honte de l'âge présent plus que son mérite[m]. Il ne sera donc pas inutile d'examiner ici cette question.

39. La nature a implanté dans toutes les créatures vivantes une affection entre les sexes; et cette affection, même chez les animaux les plus sauvages et les plus féroces, ne s'arrête pas à la satisfaction immédiate de l'appétit corporel, mais produit une amitié et une sympathie mutuelle qui ne finit que par la mort. Même dans les espèces où la nature limite l'assouvissement de cet appétit à une saison et à un objet unique et conclut une sorte de mariage ou d'association entre le mâle et la femelle, il existe une complaisance et une bienveillance visibles qui vont bien plus loin et qui adoucissent les mouvements des deux sexes l'un envers l'autre[1]. Que doit-il en être chez l'homme, dont l'appétit n'est pas borné naturellement

l. Dans le *Heautontimorumenos* de Térence, Clinias, quand il va en ville, au lieu de faire sa cour à sa maîtresse, l'envoie chercher.

m. Lord Shaftesbury, voir ses *Moralists*.

1. *Les éditions de 1742 à 1768 ajoutent la citation suivante*: «Tous les autres animaux qui sont sur la terre, ou vivent tranquilles et sont en paix ou, s'ils se font la guerre, ce n'est jamais entre le mâle et sa compagne. L'ourse dans le bois erre en sûreté à côté de l'ours; la lionne repose tranquillement auprès du lion; la louve est sans crainte avec le loup et la génisse ne redoute pas le fier taureau» (Arioste, *Roland furieux*, Chant 5, 1-8).

but either is derived accidentally from some strong charm of love, or arises from reflections on duty and convenience? Nothing, therefore, can proceed less from affectation than the passion of gallantry. It is natural in the highest degree. Art and education, in the most elegant courts, make no more alteration on it than on all the other laudable passions. They only turn the mind more towards it; they refine it; they polish it; and give it a proper grace and expression.

40. But gallantry is as generous as it is natural. To correct such gross vices as lead us to commit real injury on others, is the part of morals, and the object of the most ordinary education. Where that is not attended to, in some degree, no human society can subsist. But in order to render conversation, and the intercourse of minds more easy and agreeable, good-manners have been invented, and have carried the matter somewhat further. Wherever nature has given the mind a propensity to any vice, or to any passion disagreeable to others, refined breeding has taught men to throw the bias on the opposite side, and to preserve, in all their behaviour, the appearance of sentiments different from those to which they naturally incline. Thus, as we are commonly proud and selfish, and apt to assume the preference above others, a polite man learns to behave with deference towards his companions, and to yield the superiority to them in all the common incidents of society. In like manner, wherever a person's situation may naturally beget any disagreeable suspicion in him, it is the part of good-manners to prevent it, by a studied display of sentiments, directly contrary to those of which he is apt to be jealous. Thus, old men know their infirmities, and naturally dread contempt from the youth; hence, well-educated youth

et l'est soit, accidentellement, sous l'emprise du charme de l'amour, soit par des réflexions sur le devoir et la bienséance ! Rien donc n'est moins affecté que la passion de la galanterie. Elle est naturelle au plus haut degré. L'art et l'éducation, qui règnent dans les cours les plus élégantes, n'y font pas plus de changement que dans toutes les autres passions louables, mais, en la rendent plus sensible, lui donnent plus de finesse, plus de délicatesse, et toute la grâce et l'expression qui conviennent.

40. Mais la galanterie est aussi généreuse que naturelle. Corriger les vices grossiers qui nous rendent coupables d'injustice effective à l'égard d'autrui, relève de la morale et de l'éducation la plus ordinaire. Une société humaine qui ne remédierait à cela d'aucune façon, ne saurait subsister. Mais afin de rendre la conversation ou le commerce des esprits plus facile et plus agréable, les bonnes manières ont été inventées, qui ont porté les choses un peu plus loin. Chaque fois que la nature a donné à l'âme du penchant pour un vice, pour une passion qui est incommode aux autres, le savoir-vivre a enseigné aux hommes à se jeter du côté opposé et à garder dans tout leur comportement l'apparence de sentiments différents de ceux auxquels ils sont naturellement inclinés. Ainsi, sommes-nous ordinairement fiers, épris de nous-mêmes, portés à nous donner la préférence sur autrui ; mais la politesse nous apprend à avoir des égards envers nos semblables et à leur céder la préséance dans toutes les circonstances ordinaires de la vie en société. De même façon, quand une personne se trouve dans une situation qui par un effet naturel lui cause de la susceptibilité, c'est le rôle des bonnes manières d'empêcher cela : on s'applique à afficher des sentiments directement opposés à ceux dont elle tend à s'offenser. Ainsi, les vieilles gens, connaissant leurs infirmités, redoutent naturellement d'être méprisés par la jeunesse ; mais une jeunesse bien élevée

redouble the instances of respect and deference to their elders. Strangers and foreigners are without protection; hence, in all polite countries, they receive the highest civilities, and are entitled to the first place in every company. A man is lord in his own family, and his guests are, in a manner, subject to his authority; hence, he is always the lowest person in the company, attentive to the wants of every one, and giving himself all the trouble, in order to please, which may not betray too visible an affectation, or impose too much constraint on his guests[n]. Gallantry is nothing but an instance of the same generous attention. As nature has given *man* the superiority above *woman*, by endowing him with greater strength both of mind and body; it is his part to alleviate that superiority, as much as possible, by the generosity of his behaviour, and by a studied deference and complaisance for all her inclinations and opinions. Barbarous nations display this superiority, by reducing their females to the most abject slavery; by confining them, by beating them, by selling them, by killing them. But the male sex, among a polite people, discover their authority in a more generous, though not a less evident manner; by civility, by respect, by complaisance, and, in a word, by gallantry. In good company, you need not

---

n. The frequent mention in ancient authors of that ill-bred custom of the master of the family's eating better bread or drinking better wine at table, than he afforded his guests, is but an indifferent mark of the civility of those ages. See Juvenal, sat. 5. Plinii lib. XIV. cap. 13. Also Plinii Epist. Lucian *De mercede conductis, Saturnalia,* &c. There is scarcely any part of Europe at present so uncivilized as to admit of such a custom.

sait multiplier les marques de respect et de déférence envers ses aînés. Les inconnus et les étrangers sont sans protection ; mais dans tous les pays civilisés, on les reçoit avec les plus grandes marques de civilité et il leur revient la première place dans la compagnie. Chaque homme est maître dans sa maison et tient, en quelque manière, ses invités sous son autorité ; mais il se met toujours au dernier rang de la compagnie : il est attentif aux besoins des uns et des autres et pour plaire il se donne toutes les peines, sans marquer d'affectation trop visible ni imposer trop de gêne à ses invités[n]. La galanterie n'est rien qu'une marque de la même généreuse attention. Comme la nature a donné à l'*homme* la supériorité sur la *femme*, en le douant d'une plus grande force de corps et d'esprit, c'est à lui de compenser cet avantage autant qu'il le peut par une conduite généreuse, par des égards marqués et par une grande complaisance envers tous les penchants et toutes les opinions du beau sexe. Les peuples barbares étalent cette supériorité en réduisant leurs femmes à la servitude la plus abjecte : il les tiennent enfermées, les battent, les vendent, les tuent. Mais dans une nation civilisée le sexe mâle sait manifester son autorité d'une manière plus généreuse, quoique tout aussi évidente : par la politesse, le respect, la complaisance, en un mot par la galanterie. Dans une bonne compagnie, vous n'avez pas

---

n. Les auteurs anciens mentionnent fréquemment cette coutume mal élevée qui faisait que le maître de la maison mangeait à table un meilleur pain et buvait un meilleur vin que ses convives ; coutume qui ne donne pas une bonne idée de la politesse de l'Antiquité. Voir Juvénal, *Satires*, 5. Pline [l'Ancien], lib. XIV, cap. 13 [*Histoire naturelle*, 14.14. 91]. Et aussi Pline [le Jeune], *Epist.* [*Lettres*, II, 6]. Lucien, *De mercede conductis, Saturnalia, etc.* [Lucien, *Sur ceux qui sont aux gages des grands ; Saturnales*]. On aura peine à trouver un pays de l'Europe d'aujourd'hui où une coutume aussi incivile ait cours.

ask, who is the master of the feast? The man who sits in the lowest place, and who is always industrious in helping every one, is certainly the person. We must either condemn all such instances of generosity as foppish and affected, or admit of gallantry among the rest. The ancient Muscovites wedded their wives with a whip, instead of a ring. The same people, in their own houses, took always the precedency above foreigners, even foreign ambassadors[o]. These two instances of their generosity and politeness are much of a piece.

41. Gallantry is not less compatible with *wisdom* and *prudence*, than with *nature* and *generosity*; and, when under proper regulations, contributes more than any other invention, to the *entertainment* and *improvement* of the youth of both sexes. Among every species of animals, nature has founded on the love between the sexes their sweetest and best enjoyment. But the satisfaction of the bodily appetite is not alone sufficient to gratify the mind; and even among brute-creatures, we find that their play and dalliance, and other expressions of fondness, form the greatest part of the entertainment. In rational beings, we must certainly admit the mind for a considerable share. Were we to rob the feast of all its garniture of reason, discourse, sympathy, friendship, and gaiety, what remains would scarcely be worth acceptance, in the judgment of the truly elegant and luxurious.

o. See *Relation of three Embassies*, by the Earl of Carlisle.

besoin de demander qui donne le festin. C'est certainement celui qui est assis au bout de la table et qui ne cesse de veiller à ce que chacun soit servi. Ou il nous faut condamner toutes ces marques de générosité comme étant frivoles et affectées, ou il nous faut accepter la galanterie au même titre que le reste. Les anciens Moscovites épousaient leurs femmes avec un fouet en guise d'anneau. Les mêmes gens dans leurs propres maisons prenaient toujours le pas sur les étrangers, même quand il s'agissait d'ambassadeurs[o]. Ces deux beaux traits de générosité et de politesse sont de la même veine.

41. La galanterie ne s'accorde pas moins avec la *sagesse* et la *prudence* qu'avec la *nature* et la *générosité*; quand elle se plie aux règles de convenance, elle contribue, plus qu'aucune autre invention, au *divertissement* et au *perfectionnement* de la jeunesse des deux sexes. Chez toutes les espèces animales, la nature a voulu que l'amour entre les sexes soit la source des joies les plus douces et les meilleures. Mais la seule satisfaction de l'appétit du corps ne suffit pas à contenter l'âme, et il n'est jusqu'aux bêtes brutes qui ne fassent voir que la part la plus grande de leurs plaisirs est dans leurs jeux, dans leurs ébats folâtres, dans toutes les expressions de leur tendresse. Chez les êtres rationnels – comment le nier? – l'âme joue une part considérable. S'il fallait priver la fête de tous les ornements qu'elle doit à la raison, au discours, à la sympathie, à l'amitié et à la gaieté, ce qui resterait ne mériterait guère qu'on y songe, au jugement de la véritable élégance et de la véritable volupté.

o. Voir Earl of Carlisle, *Relation of three Embassies* [Charles Howard, 1er Earl of Carlisle, ambassadeur d'Angleterre en Russie, en Suède et au Danemark, dans les années 1660. L'ouvrage auquel Hume se réfère parut en 1669 et fut en fait écrit par Guy Miège, qui accompagnait Carlisle dans ses ambassades.]

42. What better school for manners, than the company of virtuous women, where the mutual endeavour to please must insensibly polish the mind, where the example of the female softness and modesty must communicate itself to their admirers, and where the delicacy of that sex puts every one on his guard, lest he give offence by any breach of decency [1]?

43. Among the ancients, the character of the fair sex was considered as altogether domestic; nor were they regarded as part of the polite world or of good company. This, perhaps, is the true reason why the ancients have not left us one piece of pleasantry that is excellent, (unless one may except the *Banquet* of Xénophon, and the *Dialogues* of Lucian) though many of their serious compositions are altogether inimitable. Horace condemns the coarse railleries and cold jests of Plautus; but, though the most easy, agreeable, and judicious writer in the world, is his own talent for ridicule very striking or refined? This, therefore, is one considerable improvement, which the polite arts have received from gallantry, and from courts, where it first arose [2].

1. *1742 to 1764 editions add*: I must confess that my own particular choice rather leads me to prefer the company of a few select companions, with whom I can, calmly and peaceably, enjoy the feast of reason, and try the justness of every reflection, whether gay or serious, that may occur to me. But as such a delightful society is not every day to be met with, I must think that mixt companies, without the fair sex, are the most insipid entertainment in the world, and destitute of gaiety and politeness, as much as of sense and reason. Nothing can keep them from excessive dulness but hard drinking; a remedy worse than the disease.

2. *1742 to 1768 editions add*: The point of *honour*, or duelling, is a modern invention, as well as *gallantry*; and by some esteemed

42. Y a-t-il meilleure école pour les mœurs que la société des femmes vertueuses, où le désir réciproque de plaire ne laisse pas de polir insensiblement l'âme, où l'exemple de la douceur et de la modestie de ce sexe se communique à ses admirateurs, où la délicatesse qui est la sienne met chacun en garde de l'offenser par quelque manque de décence [1] ?

43. Chez les anciens, le beau sexe était tenu au seul caractère domestique ; on ne regardait pas les femmes comme faisant partie du monde policé et de la bonne compagnie. C'est peut-être la vraie raison pour laquelle ils ne nous ont rien laissé de remarquable dans le genre plaisant (si l'on excepte le *Banquet* de Xénophon et les *Dialogues* de Lucien), alors que beaucoup de leurs compositions dans le genre sérieux sont inimitables. Horace [2] condamne les farces grossières et les plaisanteries stupides de Plaute ; mais, s'il est certainement l'écrivain le plus facile, le plus agréable et le plus judicieux du monde, dira-t-on qu'il excelle dans l'art de se moquer avec esprit et avec finesse ? Ce sont donc là des progrès considérables que les beaux-arts ont reçus de la galanterie et des cours où elle a pris son origine [3].

---

1. *Les éditions de 1742 à 1764 poursuivent ainsi* : Je dois avouer qu'en mon particulier, je préfère la société de quelques compagnons choisis avec lesquels je puisse me livrer paisiblement aux fêtes de la raison et mettre à l'épreuve la justesse de toutes les pensées, qui, gaies ou sérieuses, se présentent à mon esprit. Mais comme une société aussi plaisante ne se rencontre pas tous les jours, il me faut dire que les compagnies mêlées où le beau sexe est absent sont la chose la plus insipide du monde et procurent un amusement aussi dépourvu de gaieté et de politesse que de sens et de raison. Rien ne peut les garder d'un excès d'ennui que l'abus des boissons : un remède pire que le mal.

2. Voir Horace, *Art poétique*, v. 270-274.

3. *Les éditions de 1742 à 1768 poursuivent ainsi* : Le *point d'honneur* (le duel) est une invention moderne, comme la *galanterie* ; et pour certains c'est

44. But, to return from this digression, I shall advance it as a fourth observation on this subject, of the rise and progress of the arts and sciences, that *when the arts and sciences come to perfection in any state, from that moment they naturally, or rather necessarily, decline, and seldom or never revive in that nation, where they formerly flourished.*

equally useful for the refining of manners: But how it has contributed to that effect, I am at a loss to determine. Conversation, among the greatest rustics, is not commonly invested with such rudeness as can give occasion to duels, even according to the most refined laws of this fantastic honour; and as to the other small indecencies, which are the most offensive, because the most frequent, they can never be cured by the practice of duelling. But these notions are not only *useless*: They are also *pernicious*. By separating the man of nohour from the man of virtue, the greatest profligates have got something to value themselves upon, and have been able to keep themselves in countenance, tho' guilty of the most shameful and most dangerous vices. They are debauchees, spendthrifts, and never pay a farthing they owe; but they are men of honour; and therefore are to be received as gentlemen in all companies.

There are some of the parts of modern nonour, which are the most essential parts of morality; suche as fidelity, the observing promises, and telling truth. These points of honour, Mr. Addison had in his eye when he made Juba say,

> *Honour's a sacred tye, the law of kings,*
> *The noble mind's distinguishing perfection,*
> *That aids and strengthens virtue when it meets her,*
> *And imitates her actions where she is not:*
> *It ought not to be sported with.*

These lines are very beautiful: But I am afraid, that Mr. Addison has here been guilty of that impropriety of sentiment, with which, on other occasions, he has so justly reproached our poets. The ancients certainly never had any notion of *honour* as distinct from *virtue*.

44. Laissons cette digression. Ma quatrième observation, sur ce sujet de la naissance et du progrès des arts et des sciences, est la suivante : *quand les arts et les sciences ont atteint dans un État leur perfection, ils commencent à décliner par une suite naturelle ou plutôt nécessaire ; et rarement, sinon jamais, ils ne renaissent dans cette nation où ils ont d'abord fleuri.*

une invention également utile au raffinement des mœurs. Mais comment elle a pu contribuer à un tel effet, c'est ce que je ne saurais dire. La conversation des rustres, même les plus frustes, est rarement assez grossière pour donner matière à un duel, appliquât-on les lois les plus raffinées de ce chimérique honneur. Quant aux petites incivilités dont on s'offense davantage parce qu'elles sont les plus fréquentes, jamais on ne s'en débarrassera par la pratique du duel. Mais ces notions ne sont pas seulement *inutiles*, elles sont aussi *pernicieuses*. Une fois acquis qu'on peut être homme d'honneur sans être homme de vertu, les plus grands scélérats ont eu de quoi se faire valoir; ils ont pu garder une bonne contenance, quelque coupables qu'ils fussent des vices les plus honteux et les plus dangereux. Ce sont des débauchés, des dilapidateurs, qui ne paient jamais un liard de leurs dettes; mais ce sont des hommes d'honneur; il faut donc les recevoir dans la compagnie comme des honnêtes gens.

Il y a certaines parties de l'honneur qui sont au nombre des parties les plus essentielles de la moralité : la fidélité, le respect des promesses, la franchise. M. Addison avait à l'esprit cette sorte de points d'honneur, quand il fait dire à Juba :

« L'honneur est un lien sacré, la loi des monarques,

la perfection qui distingue les grandes âmes ;

partout où il se rencontre avec la vertu il l'aide et la fortifie ;

là où elle n'est pas, il imite ses actions.

On ne doit pas se jouer de l'honneur »

[Addison, *Cato : a Tragedy*, Acte II, sc. V]

Ces vers sont très beaux ; mais je crains que M. Addison ne se soit ici rendu coupable de l'impropriété de sentiment qu'il a, en d'autres circonstances, si justement reprochée à nos poètes. Car il est certain que les Anciens n'ont jamais eu l'idée d'un *honneur* distinct de la *vertu*.

45. It must be confessed that this maxim, though conformable to experience, may, at first sight, be esteemed contrary to reason. If the natural genius of mankind be the same in all ages, and in almost all countries (as seems to be the truth), it must very much forward and cultivate this genius, to be possessed of patterns in every art, which may regulate the taste and fix the objects of imitation. The models left us by the ancients gave birth to all the arts about 200 years ago, and have mightily advanced their progress in every country of Europe. Why had they not a like effect during the reign of Trajan and his successors, when they were much more entire, and were still admired and studied by the whole world? So late as the emperor Justinien, the poet, by way of distinction, was understood, among the Greeks, to be Homer; among the Romans, Virgil. Such admiration still remained for these divine geniuses; though no poet had appeared for many centuries, who could justly pretend to have imitated them.

46. A man's genius is always, in the beginning of life, as much unknown to himself as to others; and it is only after frequent trials, attended with success, that he dares think himself equal to those undertakings, in which those who have succeeded, have fixed the admiration of mankind. If his own nation be already possessed of many models of eloquence, he naturally compares his own juvenile exercises with these; and being sensible of the great disproportion, is discouraged from any further attempts, and never aims at a rivalship with those authors, whom he so much admires. A noble emulation is the source of every excellence. Admiration and modesty naturally

45. Je conviens que cette maxime, quoique conforme à l'expérience, peut paraître à première vue contraire à la raison. Si, comme je le crois, le génie naturel de l'esprit humain est le même à toutes les époques et presque dans tous les pays, qu'y a-t-il de plus propre à le favoriser et à le cultiver que de disposer dans tous les arts de modèles propres à régler le goût et à déterminer les objets dignes d'être imités ? Les modèles qui nous sont restés des anciens ont donné naissance à tous les arts il y a environ deux cents ans et ils ont grandement favorisé leur progrès dans tous les pays d'Europe. Pourquoi n'eurent-ils pas le même effet sous le règne de Trajan et de ses successeurs, alors que l'univers entier continuait de les admirer et de les étudier ? Sous l'empereur Justinien [1], Homère passait encore aux yeux des Grecs pour le poète par excellence ; comme Virgile aux yeux des Romains. L'admiration due à ces divins génies subsistait donc, quoique depuis plusieurs siècles aucun poète n'eût paru, qui pût justement se vanter de les avoir imités.

46. Au commencement de sa vie, un homme de génie s'ignore encore autant qu'il est ignoré d'autrui ; c'est seulement après de fréquents essais, couronnés de succès, qu'il ose se croire capable d'égaler des entreprises où ceux qui ont réussi ont forcé l'admiration des hommes. Que si sa propre nation lui offre déjà de nombreux modèles d'éloquence, très naturellement il leur compare ses propres travaux juvéniles et, conscient de l'immense écart, il se décourage d'essayer davantage et ne hasarde jamais de rivaliser avec ces auteurs qu'il admire tant. Une noble émulation est la source des grandes œuvres. L'admiration et la modestie étouffent naturellement

---

1. Justinien fut empereur (de l'empire d'Orient) de 527 à 567.

extinguish this emulation. And no one is so liable to an excess of admiration and modesty, as a truly great genius.

47. Next to emulation, the greatest encourager of the noble arts is praise and glory. A writer is animated with new force, when he hears the applauses of the world for his former productions; and, being roused by such a motive, he often reaches a pitch of perfection, which is equally surprizing to himself and to his readers. But when the posts of honour are all occupied, his first attempts are but coldly received by the public; being compared to productions, which are both in themselves more excellent, and have already the advantage of an established reputation. Were Molière and Corneille to bring upon the stage at present their early productions, which were formerly so well received, it would discourage the young poets, to see the indifference and disdain of the public. The ignorance of the age alone could have given admission to the *Prince of Tyre*; but it is to that we owe the *Moor*. Had every man in his humour been rejected, we had never seen *Volpone*.

48. Perhaps, it may not be for the advantage of any nation to have the arts imported from their neighbours in too great perfection. This extinguishes emulation, and sinks the ardour of the generous youth. So many models of Italian painting brought into England, instead of exciting our artists, is the cause of their small progress in that noble art. The same, perhaps, was the case of Rome, when it received the arts from Greece.

cette émulation. Et nul ne pèche davantage par trop d'admiration et de modestie que le vrai génie.

47. Après l'émulation, le meilleur encouragement aux beaux-arts est la louange et la gloire. Un écrivain se sent de nouvelles forces, quand il entend les applaudissements du monde à ses premières productions; aiguillonné par ce motif, il atteint souvent un degré de perfection qui le surprend autant que ses lecteurs. Mais quand toutes les places honorables sont déjà occupées, ses premiers essais sont reçus froidement par le public, qui fait des comparaisons avec d'autres productions de plus grande qualité, qui ont déjà l'avantage d'une réputation établie. Si Molière et Corneille devaient à présent porter sur la scène leurs productions de jeunesse, qui furent tant estimées en leur temps, ils se décourageraient devant l'indifférence et le dédain du public. Seule l'ignorance de l'époque a pu faire supporter Le *Prince de Tyr*, mais nous devons à cette pièce *Le Maure de Venise*; si le drame *Chacun dans son humeur* avait été rejeté, nous n'aurions jamais vu *Volpone*[1].

48. Peut-être n'est-il pas à l'avantage d'une nation d'importer de ses voisins des arts élevés à trop de perfection. L'émulation s'éteint, l'ardeur généreuse de la jeunesse s'abîme. Tant de modèles de la peinture italienne, introduits en Angleterre, font si peu pour stimuler nos artistes qu'ils causent leur peu de progrès dans cet art supérieur. Peut-être, en fut-il de même pour Rome, quand elle reçut les arts de la Grèce.

---

1. Shakespeare écrivit *Othello, le Maure de Venise* probablement en 1604 (la première représentation eut lieu en novembre de la même année). La date de composition de *Périclès, Prince of Tyre* est incertaine (entre 1607 et 1609?) et n'est sans doute pas entièrement attribuable à Shakespeare. *Chacun dans son humeur* fut écrit en 1599 par Ben Jonson, *Volpone*, qui est la plus connue de ses comédies, date de 1606.

That multitude of polite productions in the French language, dispersed all over Germany and the North, hinder these nations from cultivating their own language, and keep them still dependent on their neighbours for those elegant entertainments.

49. It is true, the ancients had left us models in every kind of writing, which are highly worthy of admiration. But besides that they were written in languages known only to the learned; besides this, I say, the comparison is not so perfect or entire between modern wits and those who lived in so remote an age. Had Waller been born in Rome, during the reign of Tiberius, his first productions had been despised, when compared to the finished odes of Horace. But in this island the superiority of the Roman poet diminished nothing from the fame of the English. We esteemed ourselves sufficiently happy that our climate and language could produce but a faint copy of so excellent an original.

50. In short, the arts and sciences, like some plants, require a fresh soil; and however rich the land may be, and however you may recruit it by art or care, it will never, when once exhausted, produce any thing that is perfect or finished in the kind.

Maintes productions exquises de la langue française, répandues dans toute l'Allemagne et dans le nord de l'Europe, empêchent ces nations de cultiver leur propre langue et les maintient dans la dépendance de leurs voisins pour ces élégantes occupations.

49. Les anciens, il est vrai, nous ont laissé dans tous les genres littéraires des modèles qui forcent l'admiration. Mais ils furent écrits dans des langues qui ne sont connues que des savants ; et, dois-je ajouter, la comparaison n'est point si heureuse ni si parfaite entre nos esprits modernes et ceux qui vécurent dans des temps aussi reculés. Si Waller [1] était né à Rome, sous le règne de Tibère, ses premières productions, vues à côté des odes si accomplies d'Horace, se seraient attiré le mépris. Mais dans notre Ile la supériorité du poète romain n'a rien ôté à la renommée du poète anglais. Nous nous estimons assez heureux que notre climat et notre langage aient pu produire fût-ce une faible copie d'un original aussi excellent.

50. En un mot, les arts et les sciences, comme certaines plantes, demandent un sol nouveau ; et si riche que la terre puisse être, si réparée qu'elle soit à force d'art et de soin, une fois qu'elle est épuisée elle ne produira plus jamais rien d'aussi parfait ni d'aussi accompli.

---

1. Edmund Waller (1606-1687) poète très réputé en son temps et homme politique ayant traversé les changements de régime de l'époque.